Pam Johnson

Katzen auf der Couch

Pam Johnson

Katzen auf der Couch

Aus dem Tagebuch
einer Katzenpsychologin

KOSMOS

Aus dem Amerikanischen übersetzt von Dr. Sandra Frins
Titel der Originalausgabe: „Hiss and Tell" erschienen bei The Crossing Press, Freedom, California 1996, ISBN 0-89594-810-9.
Copyright © Pam Johnson, 1996. Zeichnungen von Mott Jordan.

Umschlaggestaltung von Atelier Reichert, Stuttgart, unter Verwendung von drei Farbaufnahmen von Juniors Bildarchiv/Schanz (großes Titelmotiv) und Nancy Lee Andrews (2).

Die Deutsche Bibliothek – CIP-Einheitsaufnahme

Johnson, Pam:
Katzen auf der Couch : aus dem Tagebuch einer Katzenpsychologin / Pam Johnson. [Aus dem Amerikan. übers. von Sandra Frins]. – Stuttgart : Kosmos, 1998
  Einheitssacht.: Hiss and tell <dt.>
  ISBN 3-440-07506-0

kosmos Bücher · Videos · Kalender · Experimentierkästen · Spiele · Seminare
Natur · Garten und Zimmerpflanzen · Astronomie · Pferde & Reiten · Kinder- und Jugendbuch · Eisenbahn/Nutzfahrzeuge
Informationen senden wir Ihnen gerne zu:
KOSMOS Verlag · Postfach 1060 11 · 70049 Stuttgart
Telefon 0711/2191-0 · Fax 0711/2191-422

Für die deutschsprachige Ausgabe:
© 1998 Franckh-Kosmos Verlags-GmbH & Co., Stuttgart
Alle Rechte vorbehalten
ISBN 3-440-07506-0
Lektorat: Dr. habil. Wolfgang Hensel
Herstellung: Lilo Pabel
Printed in Czech Republic/Imprimé en République tchèque
Satz: Typomedia Satztechnik GmbH, Ostfildern
Druck und Binden: Těšínská Tiskárna, Český Těšín

Katzen auf der Couch

Vorwort	7
Tikis rätselhafte Stimmungen	11
Eine Lektion in Liebe	21
Papier-Eskapaden	31
Winstons Spielzeug	35
Die Scheidung	45
Bonsai und der Geliebte	53
Der Geruch	60
Die Katze, die Sonntage haßte	72
Cassies Geschenk	80
Freddie weiß es am besten	88
Der kahle Sedona	96
Lebendige Wände	103
Die Einbrecherkatze	114

Vorwort

Ich bin Katzenpsychologin – selbst meine Mutter hat immer noch Hemmungen, dies zuzugeben. Das ist sicherlich ein ungewöhnlicher Job, von dem die meisten Menschen noch nie gehört haben, andererseits aber eine sehr dankbare Arbeit. Eigentlich bin ich Autodidakt, in Wirklichkeit hatte ich aber die besten Lehrer der Welt – die Katzen selbst. Ich habe diesen Job in jahrelanger harter Arbeit erlernt, es waren Jahre der Forschung, der Versuche und vieler Fehler. Obwohl viele Leute eine solche Karriere nicht gerade für erstrebenswert hielten (und das ist noch milde ausgedrückt, denn die meisten hielten mich für völlig verrückt), wußte ich genau, daß es da draußen Katzen gab, die mich brauchten.

Ich besuche die Katzen in ihrer häuslichen Umgebung, normalerweise auf Vermittlung eines Tierarztes. Wenn der Arzt die Katze untersucht und festgestellt hat, daß keine medizinische Ursache für das ungewöhnliche oder unerwünschte Verhalten vorliegt, gibt er dem Besitzer meine Telefonnummer. Meine Aufgabe besteht dann darin, das Haus aufzusuchen, die Ursache des Problems zu finden und einen Plan zur Verhaltensänderung aufzustellen.

Ich finde es faszinierend und reizvoll zugleich, nicht nur das Verhalten der Katze, sondern auch ihre Interaktion mit dem Besitzer zu verstehen – und ihn dazu. In der Beziehung zwischen einer Katze und ihrer menschlichen Familie liegt oft der Schlüssel für eine Verhaltensweise.

Ich habe viele unvergeßliche Katzen getroffen und eine Reihe wahrhaft denkwürdiger Besitzer. Vor einem Hausbesuch weiß ich nie, was mich erwartet. Manchmal ist es weiter nichts als eine Katze, die auf den Teppich pinkelt, weil das Katzenklo einfach zu dreckig ist (diese Fälle können vertrackter sein, als Sie denken, denn ich bin nicht gerade für meine diplomatische

Art bekannt). Es kann aber auch um ein so heikles Problem gehen, wie dem Besitzer einer gefährlich aggressiven Katze zu helfen. Die Problemfelder, mit denen ich zu tun habe, umfassen Streß, Depression, Aggression, Langeweile, Kummer, Vernachlässigung, Mißhandlung, Furcht, Konkurrenz und so ziemlich alles, was Sie sich vorstellen können.

Im Laufe der Jahre hat sich mein Berufsfeld über die Hausbesuche hinaus zur allgemeinen Beratung in Verhaltensfragen entwickelt: Katzenbesitzer rufen mich mit allen möglichen Fragen an. Darüber hinaus habe ich schwierige Katzen für ihre ängstlichen Besitzer zum Tierarzt gebracht, habe mit trauernden Familienmitgliedern geweint, während ihre geliebte Katze starb, habe für Ehepaare in Scheidung Besuchsrechte für Haustiere verhandelt und katzenhassenden neuen Partnern geholfen, sich an das Leben mit einer Katze zu gewöhnen. Sehr oft werde ich als erste gerufen, um eine verirrte Katze aufzuspüren oder einen Streuner zu retten.

Manchmal macht mich meine Arbeit sehr traurig. Ich habe erbärmliche Zustände vorgefunden, und wenn ich auch manche mißhandelte Katze aus einer abstoßenden Umgebung retten konnte, so verfolgt mich doch der Gedanke an das, was sie erdulden mußte.

Ich hatte aber auch das Glück, Zeugin bedingungsloser Liebe, rührender Freundschaften zwischen Mensch und Tier sowie endloser Geduld zu werden – oft die des Besitzers, aber meistens die der Katze.

Aggression ist das zweithäufigste Verhaltensproblem – die unbestrittene Nummer Eins ist die Abneigung gegen das Katzenklo. Aggression kann auf Furcht beruhen oder im Zusammenhang mit Jagd- oder Revierinstinkten, mit Futterneid oder mit medizinischen Problemen stehen. Es gibt zahllose Gründe für das aggressive Verhalten einer Katze, aber in den Augen des Halters läuft es letztendlich immer auf dasselbe hinaus: Aus dem Liebling der Familie ist plötzlich ein angriffslustiges Raubtier geworden. Katzenhalter, die mich anrufen, sind oft peinlich berührt. Es ist für sie demütigend, zuzugeben, daß sie auf einmal Angst vor ihrem Zehn-Pfund-Kätzchen haben.

Aggressive Katzen machen keine Schlagzeilen wie die Angriffe von Hunden. Zugegeben, der Anblick eines knurrenden sechzig Pfund schweren Hundes jagt mir eine Gänsehaut über den Rücken, aber auch eine aggressive Katze sollte nicht unterschätzt werden. Ein richtiger Katzenbiß ist sehr schmerzhaft, kann zu Infektionen führen und das Opfer ins Krankenhaus bringen. Auch Kratzer können sehr schmerzhaft sein und das Gefühl vermitteln, gerade von einem mit Fell überzogenen Rasiermesser angegriffen worden zu sein.

Vielleicht machen sich die Leute über Sie und Ihren „Rottweiler in Katzenverkleidung" lustig, aber wenn Sie es mit einem Aggressionsproblem zu tun haben, müssen Sie die Situation mit Ihrem Tierarzt besprechen. Stellt der Tierarzt nach einer sorgfältigen Untersuchung Ihrer Katze fest, daß es keinen medizinischen Grund für die Aggression gibt, schlage ich vor, daß Sie den Rat eines Katzenpsychologen suchen.

So bin ich oft die letzte Chance für eine Katze, denn die Zahl der Tiere, die wegen Verhaltensproblemen eingeschläfert werden, nimmt zu. Viele dieser Probleme wurzeln in unserer Vorstellung, daß Katzen kleine Menschen mit Fell seien. Wir können unsere samtpfotigen Freunde zwar zu Familienmitgliedern machen, aber dann sind wir auch verantwortlich dafür, ihre Bedürfnisse als Katzen zu erfüllen. Zu viele Menschen erwarten, daß sie sich wie perfekte kleine Kinder benehmen.

Wer einen Welpen kauft oder adoptiert, schafft sich meist ein Buch über Hundeerziehung an. Hundebesitzer scheuen sich selten, den Rat eines Tierarztes oder professionellen Trainers zu suchen. Wer jedoch eine Katze kauft oder adoptiert, geht davon aus, daß sie schon fertig erzogen ist. Katzen werden im allgemeinen als pflegeleichte Haustiere beschrieben. Deshalb wird eine Katze, die nicht dieser Norm entspricht, rasch als böse oder gemein abgestempelt. Es ist gar nicht ungewöhnlich, daß Besitzer zu mir sagen: „Sie weiß, daß sie böse ist." Das ist einfach nicht wahr. Eine Katze kann Ihren Tag nicht bewußt durch boshaftes Verhalten verderben. Sie reagiert auf ein Problem und versucht, aus ihrer Sicht eine Lösung zu finden. Was auch immer der Grund dafür sein mag, daß die Katze sich

„danebenbenimmt" – *sie* ist es, die unter Streß steht. Der Schlüssel zum Erfolg liegt darin, dem Problem auf den Grund zu gehen. Die Katze zu bestrafen, ist keine Lösung. Unter anderem stelle ich meinen Klienten die Aufgabe, ihr Zuhause mit den Augen ihrer Katze zu betrachten. Das ist immer eine aufschlußreiche Erfahrung.

Ich liebe meinen Beruf und würde ihn gegen keinen anderen tauschen. Obwohl ich manchmal gekratzt, gebissen, angefaucht, bepinkelt, ignoriert oder angeknurrt werde, Katzen sich an mich herangeschlichen haben, vor mir weggelaufen sind oder sich auf mich übergaben – ich freue mich auf jeden Tag. Immer, wenn eine Katze und ihr Besitzer ein wenig besser miteinander auskommen, hat es sich für mich gelohnt.

Es war nicht meine Absicht, ein Buch mit großartigen Erfolgen zu füllen, von einer Pam Johnson als „rettender Engel". Vielmehr habe ich dies alles aufgeschrieben zur Erinnerung an Katzen und Besitzer, die mich auf die eine oder andere Art beeindruckt haben. Gerade weil es hier nicht um alltägliche Probleme geht, hoffe ich, daß es Ihnen Spaß macht, von meinen eher ungewöhnlichen Erlebnissen zu erfahren. Vielleicht bekommen Sie dadurch ein neues Verständnis für die Welt aus der Sicht einer Katze. Vielleicht stellen Sie aber auch nur erleichtert fest, daß sich Ihre Katze ziemlich normal verhält.

Tikis rätselhafte Stimmungen

Ein langer Arbeitstag lag hinter mir, als ich eines Donnerstags abends gegen zehn Uhr nach Hause kam. Mein Kopf dröhnte und mein Magen knurrte vor sich hin. Ich freute mich auf eine heiße Dusche, einen kleinen Imbiß und mein gemütliches Bett.

Aber wie üblich klingelte das Telefon genau in dem Moment, als ich den Kopf voller Schampoo hatte. Während ich das Wasser abdrehte, streckte ich den Kopf aus der Dusche, um der Nachricht zu lauschen.

„Hier spricht Margaret Taylor," sagte eine eindringliche Stimme. „Ich habe wirklich alles versucht und weiß nicht mehr, was ich tun soll. Die Tierklinik gab mir Ihre Nummer. Bitte rufen Sie mich an. Meine Katze hat mich angegriffen. Ich habe mich im Schlafzimmer eingeschlossen. Bitte rufen Sie mich sofort an." Sie nannte ihre Telefonnummer und bat nochmals um Rückruf.

Ich hastete aus der Dusche und notierte mir ihre Nummer. „Also kein Abendessen," sagte ich zu mir, während ich wählte.

„Hallo?" hörte ich eine verängstigte Stimme.

„Hier ist Pam Johnson. Spreche ich mit Margaret Taylor?" fragte ich, obwohl sie schon ihr Ton verriet.

„Gottseidank, daß Sie anrufen. Ich weiß nicht, was ich tun soll. Tiki ist draußen im Flur und knurrt," flüsterte sie verzweifelt und begann zu weinen. „Könnten Sie vorbeikommen?"

„Zunächst einmal – sind Sie oder der Kater verletzt?"

„Er hat mich ziemlich kräftig gebissen, aber ich bin okay," antwortete sie und versuchte, sich zusammenzureißen. „Ich kann es nicht fassen. Warum benimmt er sich nur so?"

Ich bat Margaret Taylor, mir genau zu erklären, was passiert sei. Ihr vier Jahre alter Siamkater Tiki hatte gerade einen anscheinend überraschenden Angriff gegen seine Besitzerin gerichtet. Sie befand sich gerade im Wohnzimmer und sah fern, als sie ein Geräusch aus der Küche hörte. Ihr Mann war geschäftlich unterwegs, also mußte es eine andere Ursache geben. Kaum hatte sie in der Küche das Licht angeknipst, erblickte sie Tiki, zusammengekauert in einer Ecke. Der Kater sah sie, kreischte, stürzte sich auf sie, klammerte sich an ihr Bein und biß sie in die Wade. Mrs. Taylor schrie auf und mußte sich gewaltsam von Tiki befreien, worauf er aus der Küche stürmte. Zitternd und verwirrt ging sie ins Badezimmer, um ihre Wunden zu untersuchen. Nachdem sie die Bißwunde und mehrere Kratzer gesäubert hatte, suchte sie das ganze Haus nach Tiki ab, konnte ihn aber nirgends finden. Sie entschloß sich, ihren Mann anzurufen und ging zum Telefon im Schlafzimmer. Kaum hatte sie einen Schritt in den abgedunkelten Raum gemacht und den Lichtschalter angedreht, als sie wieder den gleichen kreischenden Laut hörte, gefolgt von Tikis zweitem Angriff. Auch diesmal gelang es ihr, den Kater von sich loszumachen und ihn hinaus in den Flur zu werfen. Sie schlug die Tür zu und rannte zum Telefon, um ihre Nachbarn zu Hilfe zu rufen. Da sich keiner meldete, rief sie den Tierarzt an. Das Band, das außerhalb der Sprechzeiten angeschaltet war, verwies sie an den Notdienst der örtlichen Tierklinik. Der Arzt dort verwies sie an mich. Als sie bei mir anrief und wieder nur ein Band lief, war sie in panischer Angst, daß sich niemand mehr finden würde, ihr zu helfen. Ich versprach, in einer halben Stunde bei ihr zu sein.

„Da wäre noch was," begann sie zögernd. „Ich habe Angst, das Schlafzimmer zu verlassen. Daher kann ich Ihnen nicht die Haustür öffnen. Das Schlafzimmer ist im Erdgeschoß und ich würde hinausklettern, aber meine Hausschlüssel sind im Hausflur."

Oh je, dachte ich.

„Würde es Ihnen etwas ausmachen, durch das Schlafzimmerfenster hineinzuklettern?"

Zwanzig Minuten nach unserem Telefonat kam ich beim Haus der Taylors an. Bevor ich den Wagen verließ, holte ich meine Taschenlampe aus dem Handschuhfach. Die Außenseite des Hauses war sehr dunkel. Ich fragte mich, was wohl die

Nachbarn zu dieser merkwürdigen Figur sagen würden, die sich langsam um das dunkle Haus bewegte. Als ich um die Ecke bog, sah ich Mrs. Taylors Kopf aus dem Fenster herauslugen. Ich ging näher heran. Ihr Schlafzimmer lag wirklich im Erdgeschoß, sie hatte aber nicht erwähnt, wie hoch das Fenster war.

„Mrs. Taylor," rief ich ihr zu, „ich glaube nicht, daß ich dieses Fenster ohne Leiter erreichen kann."

„Meine Garage ist abgeschlossen," antwortete sie im Flüsterton. „Aber meine Nachbarin schließt ihre nie ab. Sie ist nicht zu Hause, aber Sie können hinübergehen. Ich bin sicher, daß sie eine Leiter hat." Sie deutete auf das Haus nebenan.

„Warum sollte ich es nicht bei einem der anderen Nachbarn versuchen?" schlug ich vor. Irgendwie konnte ich mich mit der Idee, nachts in fremden Garagen herumzustöbern, nicht so recht anfreunden.

„Sind Sie verrückt?!" schrie Mrs. Taylor auf. „Glauben Sie, ich will, daß alle meine Nachbarn es erfahren? Carol ist die einzige, der ich vertraue!" Wieder zeigte sie auf das Haus nebenan – diesmal deutlich ungeduldiger.

Also zog ich los, um eine fremde Garage nach einer Leiter zu durchsuchen, um damit in ein anderes fremdes Haus hineinzuklettern. Nicht ganz die Art, in der ich normalerweise meinen Beruf ausübe. Aber schließlich ist mein Beruf nicht eben normal.

Ich fand zwar keine Leiter, aber wenigstens einen Hocker. Damit schaffte ich es, mich durch das offene Fenster zu hieven – kein eleganter Anblick. Als erstes untersuchte ich Mrs. Taylors Verletzungen. Die Wunden waren nicht tief, aber ich riet ihr trotzdem, sie am nächsten Tag vorsichtshalber von einem Arzt begutachten zu lassen.

„Mrs. Taylor, können Sie mir sagen, was genau vor dem Angriff passiert ist?"

Sie bestand darauf, daß sich vor dem Angriff nichts Ungewöhnliches ereignet hätte. „Allerdings lag Tiki diesmal ausnahmsweise nicht im Wohnzimmer auf meinem Schoß. Er schläft immer dort, wenn ich fernsehe," seufzte sie. „Heute schien er etwas grummelig zu sein." Nachdem ich ein wenig mehr über den Kater erfahren hatte, war es an der Zeit, Tiki kennenzulernen und Nachforschungen anzustellen. Ich erklärte Mrs. Taylor, daß sich Tiki vielleicht im Laufe des Tages über etwas aufgeregt hätte. Möglicherweise war er noch sehr erregt, als Mrs. Taylor ihn in der Küche aufschreckte. „Aber Tiki hat sein ganzes Leben hier verbracht. Es hat sich nichts geändert," erklärte sie mit einem Ausdruck totaler Verwirrung.

„Irgendetwas muß sich aber geändert haben," sagte ich, während ich zur Tür ging. „Ich möchte, daß Sie jetzt ruhig bleiben, ich werde hinausgehen und nach Tiki sehen. Mir wäre es auch lieber, wenn Sie hier drinnen blieben."

„Werden Sie versuchen, ihn zu fangen?" fragte sie.

„Nein, er ist zu durcheinander. Ich möchte mir nur ein Bild von ihm machen."

Während ich meine Hand auf den Türknauf legte, drehte ich mich noch einmal zu ihr um. Sie stand am Fußende des Bettes und kaute nervös an ihren Fingernägeln. Ich sah einen kleinen Fernseher im Raum. „Mrs. Taylor," sagte ich, „schalten Sie den Fernseher an und versuchen Sie, sich zu entspannen. Hier drinnen sind Sie sicher." Sie nickte und setzte sich gehorsam vor den Fernseher.

Leise öffnete ich die Tür und blickte hinaus in den Flur. Noch waren der Kater und seine Halterin völlig traumatisiert, also kam es darauf an, die Atmosphäre im Haus zu entspannen. Mrs. Taylor hatte mir erzählt, daß sie jeden Abend fernsah. Also schaltete ich den Apparat im Wohnzimmer ein, um die vertraute Geräuschkulisse wiederherzustellen. In der Hoffnung, Tiki zu erblicken, schlenderte ich ein wenig im Haus herum. Als ich in den Flur gehen wollte, sah ich gerade noch ein schwarzes Fell an mir vorbei in ein Schlafzimmer sausen. Ich ging zurück zu Mrs. Taylor.

Als ich die Tür öffnete, sprang sie auf und sank dann langsam zurück aufs Bett, weil sie sah, daß ich den Kater nicht bei mir hatte.

„Tiki ist ein Siamkater, nicht wahr?" fragte ich.

„Oh ja, ein Sealpoint-Siamkater. Warum?"

„Und Sie sagten, daß es im Haus keine weiteren Haustiere gibt?" Ich blickte Richtung Flur.

„Nur Tiki. Warum fragen Sie?"

„Ich werde es Ihnen gleich erklären," sagte ich. „Machen Sie nur einfach weiter." Ich ging zurück zum Schlafzimmer. Ein extrem angespannter Tiki tauchte am anderen Ende des Flurs auf. Das war allerdings nicht das Tier, das ich kurz zuvor gesehen hatte.

„Hallo Tiki," sagte ich sanft. „Ich denke, ich weiß, was dich aufgeregt hat."

Tikis Augen folgten mir, als ich hineinging, aber er machte keinerlei Anstalten, mir nachzugehen. Ich schloß die Tür hinter mir, kniete mich neben das Bett, hob die Tagesdecke an und sah ein winziges Augenpaar, das mich anstarrte. *Ein* Rätsel war gelöst. Aber wo kam diese Katze her? Und wie kam es, daß Mrs. Taylor nicht wußte, daß sich ein fremdes Tier in ihrem Haus befand? Ich schloß die Katze im Schlafzimmer ein und ging zurück zu Mrs. Taylor.

„Das ist unmöglich," erklärte sie, nachdem ich sie über meine Entdeckung informiert hatte. „Eine fremde Katze hätte ich doch bemerkt!"

„Eigentlich haben Sie recht," antwortete ich, in der Tat verwirrt. „Aber der Beweis sitzt nebenan unter dem Bett."

Mrs. Taylor versicherte mir, es gäbe keine Möglichkeit für eine andere Katze, in ihr Haus zu kommen. Trotzdem bestand ich auf einer sorgfältigen Überprüfung. Irgendwie mußte die Katze schließlich ins Haus gekomen sein.

Nachdem ich fast alle Fenster und Türen überprüft hatte, kam ich an einem offenen Fenster im Kellergeschoß vorbei. Das erklärte, wie der kleine Besucher hineingekommen war. Nur, wie war er unbemerkt nach oben gelangt?

Als ich Mrs. Taylor von dem offenen Fenster berichtete, faßte sie sich an den Kopf und berichtete, sie habe am Vortag einen hölzernen Lehnstuhl im Kellergeschoß gestrichen. Sie hatte das Fenster geöffnet, um frische Luft hineinzulassen und anscheinend vergessen, es wieder zu schließen. „Mein Mann wird einen Anfall kriegen," stöhnte sie.

Dann fragte ich sie, wie die Katze nach oben gekommen sein könnte. Hatte sie die Tür zum Kellergeschoß offen gelassen, während sie strich?

„Nein," sagte sie, „aber die Waschmaschine und der Trockner sind unten. Ich lasse die Tür immer offen, wenn ich die Wäsche mache, dann höre ich den Summer vom Trockner."

„Sie haben Glück gehabt, daß Tiki nicht durch das offene Fenster entwischt ist," sagte ich.

„Tiki geht nie nach unten, er hat Angst vor dem Keller."

Ich ging nach draußen zu meinem Auto, diesmal durch die Haustür, und holte einen Transportbehälter für die schwarze Katze. Als ich wieder ins Haus trat, erinnerte mich mein knurrender Magen daran, wie hungrig ich war.

Zurück im Haus, steckte ich meinen Kopf ins Schlafzimmer, um Mrs. Taylor zu informieren. Sie war immer noch zu verängstigt, um das Zimmer zu verlassen. Das paßte mir ganz gut, da ihre Furcht die Dinge nicht gerade leichter machte.

Tiki war in der Küche und trank aus seiner Wasserschale. Er sah entspannter aus. Ich glaube, er wußte, daß die Situation nun unter Kontrolle war. Ich stellte den Transportbehälter ab und ging zur Anrichte hinüber, wobei ich die ganze Zeit mit Tiki sprach. Irgendwo hatte ich einen Beutel mit Katzenfutter gesehen und beschloß, Tiki zur Ablenkung einen Snack zu geben. Tiki beobachtete mich bewegungslos, während ich seinen Napf füllte.

„Heute abend bekommst du eine Extra-Mahlzeit," sagte ich. Tiki wartete, bis ich aus dem Raum war und ging dann zum Napf hinüber. Wenn sich eine aufgeregte Katze wieder beruhigt hat, nimmt sie häufig einige ihrer normalen Aktivitäten wieder auf, z.B. das Fressen.

Ich näherte mich dem Zimmer, in dem ich die schwarze Katze eingeschlossen hatte und öffnete vorsichtig die Tür – sicherheitshalber, falls sie vorhatte, wie verrückt loszustürzen. Als ich eintrat und schnell die Tür hinter mir zuzog, war sie nirgends zu sehen. Ich kniete mich neben das Bett, schaute drunter und sah ihr direkt in die Augen.

„Bist du hungrig?" fragte ich und holte etwas von Tikis

Futter aus der Tasche. Ich rollte ein paar Kügelchen zu der Katze hinüber. Da der kleine Besucher ziemlich hungrig war, verschlang er sie ohne zu zögern. Ich rollte noch ein paar Kügelchen zu ihm hin. Er miaute leise, streckte sich und kam unter dem Bett hervor. Vor mir saß eine kleine schwarze Katze mit schönen grünen Augen. Sie sah dünn, eigentlich sogar verwahrlost aus und hatte ein zerfetztes Ohr von einem längst vergangenen Kampf. Sie gab ein weiteres leises Miau von sich, und ich bot ihr noch etwas Futter an. Als sie fertig war, trottete sie zu mir herüber und sprang auf meinen Schoß. Beim Streicheln ihres Rückens spürte ich, wie dünn und verfilzt sie war. Ich bemerkte auch, daß es eine „Sie" war. „Du hast Schwein gehabt, kleines Mädchen," flüsterte ich ihr zu, als ich sie in den Transportbehälter setzte. „Wir werden ein gutes Zuhause für dich finden."

Ich stellte den Transportbehälter auf dem Vordersitz meines Autos ab, ging ins Haus zurück und rief eine meiner freiwilligen Helferinnen an. Ich bat sie zu kommen, um sich um die Katze zu kümmern, denn ich wollte noch mit Mrs. Taylor und Tiki arbeiten. Glücklicherweise sagte sie zu und versprach, sofort zu kommen und die Katze aus meinem Auto zu holen.

Da das Geheimnis nun gelüftet war, öffnete ich die Tür von Mrs. Taylors Schlafzimmer.

„Lassen Sie uns zusammen ins Wohnzimmer gehen und uns hinsetzen," sagte ich beruhigend, als ich sie aus dem Zimmer hinausführte. „Ich möchte, daß Sie beiläufig etwas zu Tiki sagen, während wir dort sitzen."

„Ist er auch dort?" fragte sie, noch immer besorgt. „Das nicht," versicherte ich ihr, „aber wo auch immer er steckt, ich möchte, daß er den beruhigenden Klang Ihrer Stimme hört. Er wird erst rauskommen, wenn er dazu bereit ist."

„Aber was soll ich denn sagen?"

„Erzählen Sie mir einfach von Tiki. Schildern Sie mir seine Vorzüge. Erzählen Sie mir von Ihren wunderbaren Erinnerungen," erklärte ich in der Hoffnung, daß die Erinnerung an angenehme Dinge sie entspannen würde. Sobald ihre Stimme einen ruhigen Ton annähme, würde sich auch Tiki beruhigen.

„Sind Sie sicher, daß er mich nicht angreifen wird?" fragte sie und blickte ängstlich zum Flur hinüber.

Ich hatte Tiki auf seinem Rundgang durchs Haus beobachtet und war mir ziemlich sicher: Mrs. Taylor war außer Gefahr. Dennoch riet ich ihr, die Tür zu dem Zimmer, in dem sich die schwarze Katze versteckt hatte, vorläufig geschlossen zu halten. Sie sollte es erst einmal gründlich reinigen, um den Geruch der schwarzen Katze zu beseitigen.

Wir sprachen darüber, was passiert war: Die streunende Katze kam wohl die Treppe hochgeschossen und hatte Tiki, der sich auf einmal einem kleinen Eindringling in seinem Revier gegenübersah, einen Schrecken versetzt. In diesem Zustand der Erregung war er von Mrs. Taylor überrascht worden und griff an. Dieses Verhalten ist als rückgerichtete Aggression bekannt.

Wir unterhielten uns noch eine ganze Weile. Ich wollte Tiki zeigen, daß alles wieder ganz normal war. Endlich entspannte sich Mrs. Taylor ein wenig und schließlich lachte sie sogar über die Kette der Ereignisse, die sich zugetragen hatten.

Sie erklärte mir – wobei sie ein Kichern unterdrückte –, daß ich übrigens ziemlich ungeschickt ausgesehen hätte, als ich durch ihr Schlafzimmerfenster kletterte. Damals wußte ich noch nicht, daß ich im Laufe meiner Karriere die Häuser von Klienten noch oft auf anderen Wegen als durch die Haustür betreten würde.

Nach einigen Minuten schlenderte Tiki ins Wohnzimmer und setzte sich ungefähr einen halben Meter von uns entfernt hin. Ich riet Mrs. Taylor, weiterzusprechen: Tiki mußte den ersten Schritt machen. Es dauerte nicht lange, dann sprang er auf ihren Schoß, rollte sich zusammen und schlief ein.

Ich erklärte Mrs. Taylor spezielle Übungen zur Verhaltensänderung, die sie eine Weile mit Tiki machen sollte. Auch wenn er wieder ganz der alte zu sein schien, durch seine traumatische Erfahrung könnte er sich etwas merkwürdig verhalten. Sie sollte genau wissen, wie man mit Tiki umgeht, wie auch immer er sich verhielt. Ich erkundigte mich auch danach, ob Tikis Impfungen auf dem neuesten Stand wären (was sie waren), da er eine enge Begegnung mit dem Besucher gehabt hatte.

„Was wird mit der schwarzen Katze passieren?" fragte sie mich, als sie mich zur Haustür begleitete.

„Sie wird untersucht und auf FELV/FIV getestet werden," erklärte ich ihr. „Dann werden wir sie kastrieren lassen und in Pflege geben, bis sie adoptiert wird."

„Warten Sie einen Moment," bat sie mich und verschwand plötzlich im Flur. Ein paar Minuten später tauchte sie wieder auf.

„Nehmen Sie dies für die Zukunft der Katze." Sie hielt mir eine Handvoll 20-Dollar-Noten hin.

An meinem Auto angelangt, warf ich einen Blick auf das Geld, das sie mir gegeben hatte: Zusätzlich zu dem Scheck für meine Dienste hatte sie 200 Dollar für ihren überraschenden Gast gespendet.

Als ich den Wagen anließ, erinnerte ich mich plötzlich daran, daß der Hocker noch unter dem Fenster stand. Ich machte mir Sorgen, Mrs. Taylor könne ihn möglicherweise vergessen, denn ich wußte, sie würde niemandem erklären wollen, warum der Hocker dort stand. Darum ging ich noch einmal zum Haus und brachte den Hocker zurück zur Garage der Nachbarin.

Auf dem Heimweg rief ich die Helferin an, um zu hören, wie sich die schwarze Katze so machte. Sie berichtete, daß es dem Kätzchen gut ginge. Sie war im Isolationsraum untergebracht, einem separaten Raum für neu hereinkommende Katzen, die der Tierarzt noch nicht gesehen hat. Sie hatte gefressen, das Katzenklo benutzt und sich auf dem Stuhl zu einem Schläfchen ausgestreckt. Prima, dachte ich, jetzt kann ich endlich ins Bett gehen.

Meine Anrufe zur Nachsorge bei Mrs. Taylor im Laufe der folgenden Wochen brachten die gute Nachricht, daß es Tiki wunderbar ginge. Zum Glück war er nach dieser Nacht nicht weiter aggressiv.

Für die schwarze Katze erwies sich die Zukunft als ausgesprochen rosig: Sie bekam ein gutes Zeugnis vom Tierarzt, wurde geimpft und kurz darauf kastriert. Wir fanden ein wunderbares Zuhause für sie, und nun lebt sie dort mit zwei anderen Katzen. Missy, wie ihre neue Familie sie taufte, stellte sich als eine Schönheit mit einem geschmeidigen, glänzenden Fell heraus, das die hinreißenden grünen Augen unterstreicht.

Übrigens, Mrs. Taylor hat mich wissen lassen, daß ihr Mann Fliegengitter vor den Fenstern im Keller angebracht hat.

Eine Lektion in Liebe

An Mr. Vinsley erinnere ich mich besonders gut und gerne. Er war ein älterer Mann und seit vielen Jahren Witwer. Ursprünglich stammte er aus England, lebte aber mittlerweile in einem schönen Landhaus in Kentucky.

„Ich habe ein sehr ungewöhnliches Problem," sagte er zu Beginn unseres Telefonats, weigerte sich aber, weiter ins Detail zu gehen.

„Bitte, Mr. Vinsley," drängte ich ihn, „ich ziehe es vor, in etwa zu wissen, wie eine Katze sich verhält – nur für den Fall, daß ich einen Besuch beim Tierarzt für nötig halte."

„Ich verspreche Ihnen, daß ein Besuch beim Tierarzt in dieser Situation nicht nötig ist," antwortete er. Nach einer kurzen Pause fügte er hinzu: „Ich versichere Ihnen, ich bin kein Spinner."

Ich begann, mit ihm über mein Honorar zu diskutieren, aber er unterbrach mich wieder: „Es ist mir egal – ich werde zahlen, was auch immer Sie mir in Rechnung stellen."

Ich erklärte ihm, daß ich unsere Sitzung verschieben müßte, wenn ich zu seinem Haus käme und einen Tierarztbesuch für nötig hielte. Er war einverstanden. Vier Tage später steuerte ich auf Kentucky zu.

Die Vinsley-Residenz lag an einer schönen, abgelegenen Straße. Die lange Auffahrt führte zu einem prachtvollen Haus. Zwei Autos parkten in der Auffahrt – ein glänzender schwarzer Mercedes und ein staubiger grauer Honda.

An der Tür wurde ich von der Haushälterin empfangen. Sie sah meinen Arm voller Katzenspielzeug und hob eine Augenbraue.

„Ich bin die Katzenpsychologin," lächelte ich.

„Die Katzenseelenklempnerin," korrigierte sie mich.

Sie führte mich ins Wohnzimmer, wo sie mir sagte, daß Mr.

Vinsley bald käme. Also ließ ich mich auf der riesigen Couch nieder und sah mich in dem mit Antiquitäten vollgestellten Zimmer um. Die langen Wände wurden von massiven Möbelstücken beherrscht. Jede Vase und Statue sah so aus, als könnte sie eine faszinierende Geschichte erzählen. Vor den großen Fenstern hingen schwere Vorhänge und hielten die Sonne ab. Ich fühlte mich wie in einem Museum.

Während ich auf das Erscheinen von Mr. Vinsley wartete, arrangierte ich meine Katzenspielzeuge ordentlich auf dem Teppich neben der Couch. Mein Notizbuch war geöffnet und mein Stift bereit, die Geschichte aufzuschreiben. Alles, was ich noch brauchte, war mein Klient. So wartete ich und wartete. Mein Klient war nun schon zwölf Minuten zu spät.

Die Haushälterin erschien wieder in der Tür. „Mr. Vinsley entschuldigt sich für die Verspätung. Er wird sofort bei Ihnen sein," verkündete sie kühl. „Möchten Sie etwas trinken?"

„Nein, danke," erwiderte ich, woraufhin die Haushälterin schnell verschwand.

Weitere zehn Minuten vergingen. Ich merkte, wie ich schläfrig wurde. Das Sofa war ziemlich bequem und das Zimmer eher dunkel. „Ich gebe ihm noch fünf Minuten, dann breche ich auf," sagte ich bei mir, oder zumindest *dachte* ich, daß ich es zu mir selbst gesagt hätte.

„Vergeben Sie mir, Miss Johnson."

Ich riß den Kopf hoch und blickte in Richtung der Stimme mit dem britischen Akzent. In der Tür stand ein sehr distinguierter, dünner Mann in einem dreiteiligen Anzug. Ich schätzte sein Alter auf Ende siebzig. Er schritt auf mich zu und bot mir seine Hand an. „Bitte verzeihen Sie meine Unhöflichkeit," sagte er, als wir uns begrüßten. „Ich mußte ein sehr wichtiges, aber ziemlich langweiliges Telefongespräch entgegennehmen."

„Ich verstehe," nickte ich. „Nun, warum fangen wir nicht an?" Ich griff nach meinem Notizbuch, aber er stand auf und ging zur Tür.

„Lassen Sie uns einen Tee trinken," schlug er vor. „Oder würden Sie einen Kaffee vorziehen?"

Ich wollte gerade sagen, daß ich bereits das Angebot seiner Haushälterin abgelehnt hatte, aber er sah nicht so aus, als würde er ein „Nein" als Antwort akzeptieren. So gab es also Tee.

Während wir unseren Tee tranken und von der Haushälterin gebackene Plätzchen aßen – die mir einen weiteren skeptischen Blick zuwarf, als sie das Teetablett hereinbrachte –, begann ich, Mr. Vinsley über seine Katze zu befragen. „Wie verhält sich denn Ihre Katze?" fragte ich, bereit, mir Notizen zu machen.

„Oh, er ist ein prima Kater," stellte er fest, wobei er von einem Plätzchen abbiß. „Sein Verhalten ist nicht merkwürdig."

Ich blickte von meinem Notizbuch hoch. „Es ist nichts Merkwürdiges an seinem Verhalten?"

Er sah meine Reaktion und lehnte sich in seinem Stuhl zurück. „Ich habe ein Problem mit meinem Kater, aber das hat nichts mit seinem Verhalten zu tun."

„Also gut, wie kann ich Ihnen helfen?" Ich war versucht, ihn daran zu erinnern, daß ich schließlich eine Spezialistin für Katzen*verhalten* bin, aber es war etwas an diesem Mann, das ich mochte. Er schien ehrlich zu sein. In Bezug worauf, das wußte ich noch nicht, aber nichtsdestoweniger ehrlich.

„Ich brauche Sie, um ein gutes Zuhause für meinen Kater zu finden."

Ich nahm meine Brille ab und rieb mir die Augen. „Mr. Vinsley, ich vermittle keine Tieradoptionen. Ich befasse mich mit dem Verhalten von Tieren. Ich kann Ihnen die Namen einiger wundervoller Menschen geben, die ich kenne..."

„Nein," unterbrach er mich. „Ich möchte, daß genau *Sie* ein neues Zuhause für ihn finden."

„Warum ich?"

„Miss Johnson, ich habe Ihre Bücher gelesen, Sie im Fernsehen gesehen und viel von der Arbeit gehört, die Sie leisten. Sie verstehen Katzen wirklich. Mein Kater Dancer ist alles, was ich habe, und ich möchte das Allerbeste für ihn. Ich bezahle Ihnen die komplette Zeit, die Sie mit der Suche verbringen."

Ich war verwirrt. „Warum ist es nötig, ein anderes Zuhause für ihn zu finden?"

Mr. Vinsley blickte mich an. Ich sah, wie sich sein Blick

einen Moment lang verschleierte, dann gewann er seine Fassung zurück. „Mr. Vinsley, sind Sie in Ordnung?" fragte ich.

„Ich habe Krebs," sagte er, fast flüsternd. Dann erklärte er mir, warum er mich gerufen hatte. Sein Arzt hatte ihm mitgeteilt, daß er nur noch weniger als neun Monate zu leben hätte. Er hatte keine Angst vor dem Sterben, wie er mir versicherte. Alles in allem hatte er siebenundsiebzig Jahre lang gut gelebt. Es mangelte ihm an nichts, er hatte jegliche Bequemlichkeit und war gewillt, das Ende seines Lebens mit Würde zu erwarten. Seine Geschäfte waren geregelt. Da er keine Familie hatte, wollte er, daß das Geld aus seinem Nachlaß der Krebsforschung, Kinderhilfswerken und einigen Tierschutzorganisationen zugute käme.

„Es muß nur noch eine wichtige Sache erledigt werden," sagte Mr. Vinsley betrübt. „Ich muß mich um Dancer kümmern. Ich habe ihn vor vier Jahren gefunden, und seitdem sind wir die besten Freunde. Ich brauche Sie, um für ihn ein neues Zuhause zu finden, während ich noch lebe, denn ich will ganz sicher gehen, daß er die Liebe und Fürsorge bekommt, die er verdient. Für die Ausgaben für Futter und Tierarzt werde ich aufkommen." Er blickte auf seine Hände und dann zu mir hinüber. „Ich weiß, jeder andere außer Ihnen würde denken, daß ich ein verrückter alter Mann bin, der sich um irgendeinen Kater Gedanken macht. Aber er ist an meiner Seite gewesen während dieser letzten, sehr harten Jahre. Wenn es mir zu schlecht ging, um aus dem Bett aufzustehen, blieb Dancer die ganze Zeit bei mir. Er ist ein wundervoller Freund, und ich möchte sichergehen, daß er auch ohne mich ein gutes Leben haben wird."

Ich wußte nicht, was ich sagen sollte. Mr. Vinsley stand auf und brach mein verlegenes Schweigen.

„Ich werde Ihnen Dancer vorstellen." Er verließ das Zimmer. In diesem Moment wurde mir klar, daß ich den Atem angehalten hatte, während er sprach – etwas Derartiges hatte ich nicht erwartet.

Ein paar Minuten später kam Mr. Vinsley zurück und hielt einen grauen Kater auf dem Arm. Dancer war ein zäh aussehender Bursche, der offensichtlich eine Reihe von Kämpfen hinter sich hatte, bevor er im Vinsley-Haus einzog. Er war riesig – nicht fett, aber groß und breit. Beide Ohren waren an den Spitzen zerfetzt und seine Nase wies einige Narben auf. Trotz seines rauhen Äußeren hatte er eine liebe und freundliche Persönlichkeit. Wie er so in den Armen seines Besitzers lag, hörte sich sein lautes Schnurren wie der Motor eines alten Autos an. Mr. Vinsley setzte ihn auf dem Boden ab, woraufhin er direkt auf mich zu spazierte, um mich zu begrüßen. Mit Streicheln gab er sich nicht zufrieden, sondern sprang auf meinen Schoß und schmiegte sein Gesicht an mich.

Mr. Vinsley sah Dancer erstmals an einem kalten Wintermorgen, als dieser sich auf seinem Auto niedergelassen hatte. Da der alte Mann keinerlei Beziehung zu Katzen hatte, jagte er Dancer von seinem Auto herunter, und damit war die Sache für ihn erledigt. Zumindest hatte er sich das so gedacht. Aber während der nächsten Woche saß der graue Kater jeden Morgen auf dem Dach seines schönen Mercedes.

Eines Morgens sah Mr. Vinsley vom Bett aus die Fernsehnachrichten und erfuhr dabei, daß die Temperatur während des Tages stark fallen würde, abends sollte es bereits frostig sein. Auch wenn er Katzen nicht besonders mochte, so widerstrebte es ihm doch, diese arme Kreatur da draußen frieren zu lassen. Er mußte doch irgend jemandem gehören ... Mr. Vinsley nahm sich vor, dem Besitzer zu sagen, dieser solle ihn gefälligst auf seinem eigenen Grundstück halten! Vielleicht hat er ja ein Halsband, dachte Mr. Vinsley. Er zog sich schnell an und ging nach draußen, ganz in der Erwartung, den großen grauen Kater wie gewöhnlich ausgestreckt auf seinem Auto zu finden. Als er die Haustür öffnete, schlug ihm ein Schwall kalter Luft entgegen: Kein Kater weit und breit.

Mr. Vinsley hatte niemals Tiere gemocht. Nun aber mußte er feststellen, daß er alle paar Minuten nach draußen sah, in der Hoffnung, endlich den Kater zu erblicken. Er beschwichtigte sich damit, daß er ja lediglich den Besitzer dieses nervtötenden Katers finden wolle ...

Als seine Haushälterin von ihren morgendlichen Einkäufen

zurückkam, überraschte sie Mr. Vinsley in der Küche dabei, wie er eine Dose Thunfisch in eine Schüssel löffelte. Sie fragte ihn nicht, was er da tat – er hatte in der letzten Zeit nicht besonders viel gegessen, also wenn er morgens um sieben Thunfisch essen wollte, warum sollte sie ihn davon abhalten?

Mr. Vinsley eilte nach draußen und stellte die Schüssel mit dem Thunfisch auf das Dach seines Autos. Dann ging er zurück in sein warmes Haus, um zu warten. Er hatte vor, den Kater zum nächsten Tierheim zu bringen, falls er kein Halsband mit Adreßanhänger hätte. Irgendwie würde er diesen Streuner schon loswerden.

Mr. Vinsley war bereits seit fünfundzwanzig Jahren verwitwet und hatte sogar seinen einzigen Sohn überlebt. Da er ohne Enkelkinder oder andere Verwandte war, hatte er sich an ein einsames Leben gewöhnt. So verbrachte er seine Tage mit lesen, Musik hören und Spaziergängen in den schönen Anlagen, die sein Haus umgaben. Mittlerweile fühlte er sich ganz wohl so allein und war überhaupt nicht daran interessiert, sich mit den Nachbarn anzufreunden oder mit ihnen zu plaudern. Seine Haushälterin nannte ihn im Scherz auch „Einsiedler".

Am Ende des Tages nahm er den Thunfisch, der inzwischen gefroren war, wieder vom Auto herunter. Die Haushälterin sah zu, sagte aber lieber nichts.

„Mach doch was du willst, du dummer Kater," murmelte Mr. Vinsley, als er zurück ins Haus schlurfte und die Schüssel in den Müll warf. Aber kurz bevor er an diesem Abend ins Bett ging, steckte er noch einmal seinen Kopf zur Haustür hinaus, um nach diesem lästigen Kater zu sehen. Der ließ sich nicht blicken, daher schloß Mr. Vinsley die Tür ab und ging ins Bett.

Etwa gegen zwei Uhr morgens wachte Mr. Vinsley auf. Er schwor, daß ihn ein schrecklicher Durst aus dem Bett hinaus und die Stufen zur Küche hinuntertrieb. Auf dem Weg stoppte er kurz, um einen kurzen Blick vor die Haustür zu werfen – noch immer saß kein Kater auf seinem Auto. Aber gerade als Mr. Vinsley die Tür schon wieder schließen wollte, sah er etwas auf sich zuhumpeln. Es war der graue Kater, der die Auffahrt hochhinkte. Sein Fell war dreckig und verfilzt und seine rechte

Vorderpfote baumelte hilflos in der Luft. Mr. Vinsley machte einen Schritt auf die Veranda, aber genau in diesem Moment blieb der graue Kater stehen.

„Ich werde dir nicht weh tun," sagte er zu dem Kater. „Komm her, ich will dir nur helfen."

Der Kater sah ihn bewegungslos an. Unsicher überlegte Mr. Vinsley, ob er hineingehen sollte, um Futter zu holen. Was aber, wenn der Kater wegrannte? Ihm war klar, daß er bald etwas tun mußte – die kalte Luft blies fast ungehindert durch seinen dünnen Morgenrock hindurch. Er ließ die Haustür offen, schritt langsam ins Haus zurück und packte einige übriggebliebene Stücke Huhn auf einen großen Teller.

Dann stellte er das Futter auf die Veranda und lehnte sich gegen den Türrahmen. Der alte Mann und der Kater blickten sich direkt an.

Mr. Vinsley hatte sich schon lange um niemanden mehr gekümmert, und es war ihm wirklich ein Rätsel, warum er sich so um diesen Kater sorgte. Irgendetwas an ihm zog ihn an. Hier standen sich zwei zähe alte Kerle gegenüber, die so daran gewöhnt waren, allein zu sein, daß sie noch nicht einmal mehr wußten, wie man um Hilfe bittet.

„Normalerweise kümmere ich mich nicht um solche wie dich, weißt du," redete Mr. Vinsley auf den zögernden Kater ein. „Aber laß mich dir bitte helfen. Komm rein, mir ist es hier draußen zu kalt."

Ein paar Minuten vergingen. Mr. Vinsley zitterte. Der alte graue Kater blickte ihn konzentriert an und schien eine Entscheidung zu treffen. Vorsichtig hinkte er die Treppe hinauf, schnüffelte an dem Teller mit Futter und hinkte mühsam daran vorbei ins Haus.

Völlig erstaunt darüber, daß der Kater freiwillig ins Haus gekommen war, schloß Mr. Vinsley die Tür und folgte ihm. „Ich nehme es dir nicht übel, daß du das Huhn verschmähst," sagte er zu dem Kater. „Regina ist keine besonders gute Köchin."

Nach einigem Zögern erlaubte ihm der Kater, seine verletzte Pfote zu untersuchen. Am nächsten Morgen müßte sie als erstes vom Tierarzt versorgt werden. In der Zwischenzeit würde das verwahrloste alte Tier eben die Nacht in der Küche verbringen. Aber als Mr. Vinsley sich bückte, um den Kater hochzuheben, schoß dieser auf seinen gesunden drei Beinen auf die Treppe los. Bevor er gestoppt werden konnte, hinkte er schon auf das Schlafzimmer zu.

Mr. Vinsley ging zurück, um die Haustür abzuschließen, innerlich bereit, diese Nervensäge baldmöglichst wieder loszuwerden. Müde und verfroren stieg er dann die Stufen hinauf. Er erwartete, den verängstigten Kater unter dem Bett zu finden. Darum schaltete er das Licht ein, um ihn zu suchen. Aber der Kater hatte bereits beschlossen, daß es *auf* dem Bett erheblich bequemer sei. Dort lag er, zusammengerollt am Fußende des riesigen Bettes.

„Du hättest dich wenigstens für eins der Gästezimmer entscheiden können," kommentierte Mr. Vinsley. Aber da er zu müde war, um zu streiten, schlüpfte er unter die Bettdecke, streckte seine Beine neben den Kater und schaltete das Licht aus. „Gewöhn dich nicht daran. Morgen früh mußt du gehen."

Am nächsten Morgen, auf dem Weg zu seinem eigenen Arzttermin, brachte er den Kater zur nächstgelegenen Tierklinik.

Bei seinem Arztbesuch erfuhr Mr. Vinsley, daß er Krebs hatte. Darum fuhr er deprimiert und voller Angst nach Hause und hätte beinahe vergessen, bei der Tierklinik anzuhalten. Eigentlich hatte er sogar vor, als er an der Tierklinik vorbeifuhr, den Kater einfach dort zu lassen. Sollte sich doch der Tierarzt um ihn kümmern. Schließlich hielt er aber doch an.

Der graue Kater hatte ein gebrochenes Bein. Als der Tierarzthelfer ihn heraustrug, hatte er eine große Schiene umgeschnallt. Mr. Vinsley zahlte die Rechnung und nahm den Kater mit. Auch wenn er den Grund nicht verstand – er fühlte, wie sich sein Herz zusammenzog, als er den Kater in den Armen hielt.

Drei Wochen nach Beginn dieser neuen Beziehung ging es mit Mr. Vinsleys Gesundheit bergab, und er war ans Bett gefesselt. Der Kater – mittlerweile auf den Namen „Dancer"

(Tänzer) getauft, weil er sich trotz der schweren Schiene so graziös bewegen konnte – wich in dieser Zeit nur von seiner Seite, um das Katzenklo zu benutzen oder sich eine gehörige Portion Futter einzuverleiben.

Die Freundschaft zwischen den beiden wurde immer enger. Als es Mr. Vinsley wieder besser ging, schlenderte das Paar durch die Anlagen oder saß in der Sonne. Dancer liebte es auch, auf Mr. Vinsleys Schoß zu schlafen, wenn dieser klassische Musik hörte oder ein Buch las.

Und noch etwas Wunderbares ereignete sich: Mr. Vinsley begann, mit seinen Nachbarn über Haustiere zu plaudern. Sie tauschten Geschichten und Ratschläge aus. Nach all diesen Jahren hatte er begonnen, sich wieder um andere Menschen zu kümmern. Innerhalb kurzer Zeit wurden seine Nachbarn zu Freunden, die zum Kartenspielen oder auf eine Tasse Kaffee vorbeikamen.

Während ich Mr. Vinsley zuhörte, wie er über Dancer sprach, schwor ich bei mir, ich würde alles tun, was in meiner Macht stand, um ihm seinen Wunsch zu erfüllen. Ich stattete Mr. Vinsley und Dancer mehrere Besuche ab, bei denen wir zusammen Tee tranken und uns unterhielten. Ich liebte diese Nachmittage und denke oft an sie zurück.

Nach langer Suche fand ich ein potentielles Zuhause für Dancer – eine sehr liebe Frau, die ihren Mann einige Jahre zuvor verloren hatte. Ich dachte mir, es wäre eine wundervolle Möglichkeit für Dancer, dieser einsamen Person das gleiche Geschenk der Liebe zu machen wie Mr. Vinsley. Als Ruth Leeson Mr. Vinsley und Dancer traf, verstanden sich alle drei auf Anhieb: Sie verbrachten von da an viel Zeit miteinander, und Mr. Vinsley machte es viel Spaß, Ruth alles über Dancers Vorlieben und Abneigungen zu erzählen. Acht Monate nachdem ich Mr. Vinsley zum ersten Mal getroffen hatte, wurde er ins Krankenhaus eingeliefert. Seine Haushälterin rief mich an, um mich zu benachrichtigen: Er wollte, daß ich käme, um Dancer zu holen und ihn zu seinem neuen Zuhause zu bringen. Ich sagte meine Termine für den Tag ab und rief Ruth an, um ihr mitzuteilen, daß sie Dancer erwarten solle.

Ich fuhr zu der Vinsley-Residenz. Die Haushälterin ließ mich hinein, und ich sammelte Dancers Sachen zusammen. Ganz so, als ob er wüßte, was nun passieren würde, erwartete Dancer mich in Mr. Vinsley's Zimmer. Er saß ruhig auf dem Bett.

Die Haushälterin brachte mich zu meinem Auto. Sie berührte meinen Arm und dankte mir dafür, daß ich Mr. Vinsley geholfen hatte. In ihren Augen standen Tränen: Sie hatte fünfzehn Jahre lang für ihn gearbeitet.

Später an diesem Tag besuchte ich Mr. Vinsley im Krankenhaus, um ihm zu erzählen, daß Dancer in seinem neuen Heim angekommen war und Ruth alles tat, damit er sich wie zu Hause fühlte. Mr. Vinsley lächelte. Wir unterhielten uns noch ein Weilchen, dann schlief er ein. Ich stand leise auf und blieb einen Moment lang am Bett stehen. „Ich werde für Sie auf Dancer aufpassen," flüsterte ich und ließ ihn dann allein.

Zwei Tage später starb Mr. Vinsley.

Seitdem habe ich Dancer mehrmals in seinem neuen Zuhause besucht, und er lebt dort sehr glücklich. Er folgt Ruth auf Schritt und Tritt, genauso wie er es bei Mr. Vinsley tat. Und ich habe bemerkt, daß Ruth nun viel zufriedener aussieht als bei unserem ersten Treffen. Stolz erzählte sie mir, daß Dancer auf seinem eigenen Kissen neben ihr im Bett schläft.

Der einst streunende, verwahrloste zähe Kater hatte Mr. Vinsley gelehrt, wieder zu lieben. Und nun bringt der behaarte graue Lehrer mit den zerfetzten Ohren und dem Schnurren wie ein alter Automotor Ruth die gleiche Lektion bei.

Papier-Eskapaden

Die zwei Jahre alte Penelope, eine schwarze Katze mit weißen Socken und einem weißen Ohr, schien von Papier geradezu besessen zu sein. Ihre Besitzer, die Bouchards, hatten ihr, als sie noch ein Kätzchen war, oft Papierstücke zusammengeknüllt, die sie dann herumkickte – das wurde schnell zu ihrem Lieblingsspiel. Von dem Papier blieben immer nur Fetzen übrig, aber da die Bouchards tolerant und liebevoll waren, gönnten sie ihr weiterhin das Vergnügen, auf Papierjagd zu gehen. War die Jagd dann vorüber, griff Marianne Bouchard einfach zum Staubsauger, um die Reste zu vernichten, während eine zufriedene Penelope sich ganz in ihrer Nähe niederließ. Aber offensichtlich nahm Penelope dieses Spiel ernster, als sie gedacht hatten.

Das Problem begann, als Penelope entdeckte, daß sie nicht darauf warten mußte, bis ihre Besitzer sie mit Papier versorgten. Übers Haus verteilt gab es mehrere Gelegenheiten zur Selbstbedienung: Toilettenpapierrollen in beiden Badezimmern, zahllose Boxen mit herausziehbaren Tüchern und Papierhandtücher in der Küche. Eines Tages kam Marianne von der Arbeit und trat in ein Haus, das von weißem Konfetti übersät war. Penelope hatte sich das Ende einer Rolle geschnappt und sie durch das ganze Haus geschleppt. Anscheinend hatte ihr diese Erfahrung so viel Spaß gemacht, daß sie sie mit jeder neuen Rolle wiederholte. Da die Bouchards nicht mehr ein noch aus wußten, sahen sie sich gezwungen, jegliches Papier aus Penelopes Reichweite zu entfernen. Alle Papierrollen wurden von da an in Schränken aufbewahrt. Nicht sehr praktisch, aber zumindest stoppte es Penelope ... zeitweise.

Nun, da Penelopes Papiernachschub abgeschnitten war, würde das Leben mit ihr zur Normalität zurückkehren – dachten die Bouchards zumindest. Aber Penelope hatte da ganz andere Vorstellungen: Sie war eine Katze mit einer Mission. Kein Papier war vor ihr sicher. Das Computerpapier, das durch den Drucker lief, wurde zu Schleifen umgewandelt, die Zeitungen zerfetzt und zerkaut, die Post auf dem Schreibtisch wurde grundsätzlich angeknabbert.

An einem schönen Frühlingstag fuhr ich zu dem Haus der Bouchards, das etwa zwölf Meilen von meinem Haus entfernt lag. Ich kurbelte mein Wagenfenster herunter und genoß die Fahrt, ganz in froher Erwartung des Sommeranfangs.

Schon wenige Sekunden nachdem ich geklopft hatte, öffnete Marianne die Tür. „Vielen Dank für Ihr Kommen," sagte sie, als sie mir die Hand hinstreckte. „Ich habe noch nie eine Tierpsychologin getroffen. Ich hoffe, Sie können unserer Katze helfen."

Keith Bouchard erwartete uns im Arbeitszimmer. Als wir hereinkamen, erhob er sich und sagte, daß er darauf brenne, mit der Arbeit anzufangen.

Keith war zwar kooperativ, aber nervös, während ich die Geschichte zu Protokoll nahm. Er wollte unbedingt, daß ich Penelope, den Papierschreck, kennenlernte.

„Ich gehe sie holen," bot sich Marianne an. „Sie rennt immer rein und raus, aber sie kommt, wenn ich sie rufe."

Als sie einige Minuten später ins Zimmer zurückkam, hatte sie die Katze nicht dabei. „Ich kann sie nirgends finden," sagte sie zu ihrem Mann.

„Hast du draußen nachgesehen?" fragte er, woraufhin Marianne nickte.

Zu dritt durchsuchten wir das Haus, aber ohne Erfolg. Wir schauten draußen nach, aber weit und breit keine Spur von Penelope. Marianne begann, sich zunehmend Sorgen zu machen.

„Vielleicht kommt sie ja heraus, wenn sie die Spielzeuge sieht, die ich mitgebracht habe," sagte ich. Ich ging zurück ins Haus, um den „Vogel" zu holen, eines meiner interaktiven Lieblingsspielzeuge: Er hängt an einem Stab an einer Schnur, hat Federn und gleicht einem fliegenden Vogel.

Wir saßen vor dem Zaun des Vorgartens, und ich zeigte

ihnen, wie man das Spielzeug benutzt. Marianne begann, es vor und zurück zu schwenken, wobei sie die ganze Zeit leise Penelopes Namen rief – aber ihre geliebte Katze ließ sich nicht blicken.

Langsam wurde es spät. Ich war bereits eine Stunde lang dort und mußte bald zu meinem nächsten Termin fahren. „Wenn ich berücksichtige, was Sie mir erzählt haben, kann ich Ihnen einige Techniken zur Verhaltensänderung erklären. Ich denke, daß sie Ihre Situation verbessern werden," sagte ich, als wir ins Haus zurückgingen. „Es ist nicht das erste Mal, daß ich während eines Hausbesuchs die Katze eines Klienten nicht zu Gesicht bekomme."

Meiner Einschätzung nach ging Penelopes Problem auf Langeweile zurück. Beide Besitzer hatten zwei Jobs und darum seit gut einem Jahr nicht mehr mit ihr gespielt. Die energiegeladene Katze verbrachte den ganzen Tag und den Großteil der Nacht alleine.

Um Penelopes Langeweile zu kurieren, schlug ich den Bouchards vor, sich eine zweite Katze anzuschaffen. Außerdem empfahl ich ihnen regelmäßige Spielstunden mit interaktivem Spielzeug. „Mindestens zwei Spielzeiten pro Tag, jeweils fünfzehn Minuten lang."

Keith sah mich ungläubig an. „Und wo soll ich die dreißig Minuten pro Tag hernehmen, um mit Penelope zu spielen?"

„Nehmen Sie die halbe Stunde, die Sie pro Tag brauchen, um das Papier wegzuräumen, das sie zerfetzt hat," schlug ich vor.

Darüber hinaus gab ich den beiden den Tip, ein paar mit Bitterapfel präparierte Papierstückchen herumliegen zu lassen. Diese Flüssigkeit hat einen fauligen, bitteren Geschmack und ich wußte, Penelope würde schnell lernen, diesen Geschmack mit Papier zu assoziieren.

Nachdem ich ihnen einige weitere Übungen zur Verhaltensänderung erklärt hatte, versprach ich den Bouchards, sie in einer Woche anzurufen: Ich wollte hören, ob es Fortschritte gab und ihnen meine Hilfe anbieten, Penelope mit einer zweiten Katze bekanntzumachen.

Gerade als ich in mein Auto steigen wollte, sah ich zufällig durch das offene Fenster. Dort saß, völlig unschuldig blickend, eine weiße Katze auf dem Vordersitz. „Du bist bestimmt Penelope."

Als sie hörte, wie die Tür geöffnet wurde, stand Penelope auf, streckte sich und gähnte faul. Ich beugte mich zum Rücksitz, um meine Aktentasche abzustellen. Als ich mich wieder aufrichtete, war Penelope fort. Ich blickte über meine Schulter und sah sie die Auffahrt zum Haus hinaufspazieren. Auf der Hälfte des Weges hielt sie an, drehte sich um und sah mich an. Dabei bemerkte ich, daß sie etwas im Maul trug. Ich strengte mich an, und schließlich erkannte ich, was es war: Penelope hielt eine meiner Visitenkarten zwischen den Zähnen. Sie mußte sie auf einem der Sitze gefunden haben.

„Du kannst mich jederzeit anrufen," lächelte ich, als ich ins Auto stieg und zum Abschied winkte.

Winstons Spielzeug

Barbara McMillan bat mich telephonisch um Hilfe: Ihr zweijähriger Kater weigerte sich hartnäckig, das neueste Mitglied der Familie McMillan, ein vierzehn Wochen altes Kätzchen, zu akzeptieren. Mehr als ein Monat war bereits vergangen, und die Situation wurde immer schlimmer. Barbara erzählte mir, daß sie das Kätzchen nach allen Regeln der Kunst in den Haushalt eingeführt hatte – ohne Erfolg.

„Ein Freund erzählte uns von Ihrem Buch. Darin steht, wie man Katzen aneinander gewöhnt. Aber Winston haßt Courtney immer noch," beklagte sie sich. „Sind Sie sicher, daß Ihre Methoden funktionieren?"

„Sicher funktionieren sie, Mrs. McMillan," versicherte ich ihr. „Aber jede Katze ist eine eigene Persönlichkeit, und einige brauchen eine ganz individuelle Behandlung. Selbst dann ist es nicht ungewöhnlich, daß Katzen länger als einen Monat brauchen, um Freunde zu werden."

„Ich verstehe das ja," sagte sie, „aber Andy und ich sind ziemlich unglücklich darüber. Wir möchten, daß Sie so schnell wie möglich zu uns kommen."

Ich sagte für den nächsten Abend zu.

Barbara und Andy McMillan begrüßten mich an der Tür. Winston, ein freundlicher, muskulöser, grauer Kater, stand direkt hinter ihnen. Er beäugte mich mißtrauisch, aber neugierig, als ich mit meinem Koffer und einem Arm voller Spielzeug ins Haus trat.

Die McMillans führten mich ins Wohnzimmer. Barbara und ihr Mann saßen mir gegenüber und hielten sich an den Händen – offensichtlich für beide eine stressige Angelegenheit.

Nachdem sie mir alles über Winston erzählt hatte, sagte Barbara: „Ich habe Ihre Anleitung genau befolgt. Courtney befindet sich seit ihrer Ankunft im Gästezimmer."

„Sie hat alle Schritte befolgt, die Sie empfehlen," setzte Andy hinzu, der seiner Frau zu Hilfe kam. Beide blickten mich an, als wollten sie sagen, wir haben unseren Teil getan, nun sind Sie dran.

„Oh, ich glaube Ihnen," sagte ich schnell. „Aber, nur um ganz sicher zu gehen, wie sind Sie in der Gewöhnungsphase vorgegangen?"

Barbara zählte mir ihre anfänglichen Schritte auf – kein Zweifel, sie hatte meine Richtlinien befolgt. Ihr Nachbar hatte das Kätzchen ins Haus gebracht und im Gästezimmer untergebracht. Winston sollte den Geruch des kleinen Eindringlings nicht sofort an seinen Besitzern wahrnehmen. Courtney blieb einige Tage im Gästezimmer, während sich beide Katzen an die neue Situation gewöhnten. Barbara sagte, es wäre alles glatt verlaufen. Winston schien sich nicht im geringsten daran zu stören, daß sich auf der anderen Seite der Tür ein Fremder befand. Auch das Kätzchen gewöhnte sich an sein neues Zuhause. Soweit, so gut, dachten die McMillans. Sie begannen damit, für kurze Zeit Katzen und Zimmer auszutauschen (das heißt, sie setzten Winston ins Gästezimmer und ließen Courtney hinaus, so daß sich beide an den Geruch des anderen gewöhnen konnten). Andy erzählte, daß das Kätzchen es liebte, frei zu sein. Es erkundete das Haus, und Winston störte sich nicht an den fremden Gerüchen im Zimmer des Kätzchens.

„Er inspizierte alles, schnupperte an Courtneys Katzenklo und schlief auf dem Bett ein. Alles in allem war es völlig ereignislos," sagte Andy und schaute zu seiner Frau hinüber.

„Das ist wahr," fügte Barbara hinzu. „Wir dankten sogar unserer Freundin dafür, daß sie uns von Ihrer Methode erzählt hatte. Anscheinend erleichtert sie die Situation ganz erheblich. Wir hatten solche Horrorgeschichten darüber gehört, wie bösartig Katzen werden können, wenn ihre Besitzer eine andere Katze nach Hause bringen. Wir dachten, wir hätten ziemliches Glück gehabt."

Es gab ein kurzes, unangenehmes Schweigen, als die beiden mich anblickten. Ich hatte das Gefühl, sie warteten darauf, daß ich meinen Fehler zugäbe und die Sache damit erledigt wäre.

„Wann fing der Ärger an?" fragte ich.

„Als sich die beiden zum ersten Mal gegenüberstanden," antwortete Andy. „Seitdem rennt Winston jedes Mal auf Courtney zu und attackiert sie, sobald er sie erblickt."

„Wenn er Courtney nur sieht, rast er los wie ein Torpedo," stimmte Barbara zu.

Winston schlenderte in den Raum. Ich ließ mich auf den Boden herabgleiten, um auf seiner Höhe zu sein. Er beäugte interessiert die Spielzeuge neben meinem Stuhl. Als ich eins aufhob und über den Teppich wackeln ließ, reagierte er sofort: Er kauerte sich zusammen, und sein Schwanz zuckte erwartungsvoll hin und her.

„Was ist das?" fragte Barbara.

„Es wird Kätzchen-Necker genannt," gab ich zur Antwort. Es ist ein leichter Stock mit einem kleinen Spielzeug, das am Ende einer Schnur herunterbaumelt. „Hat Ihnen die Freundin, die meine Einführungsmethode kennt, nichts darüber gesagt? Spielzeuge spielen eine wichtige Rolle bei der Verhaltensänderung."

„Nein, May hat keine Spielzeuge erwähnt," sagte Andy. „Sie hat uns nur davon erzählt, wie man Katzen miteinander bekannt macht. Ehrlich gesagt, May hat Ihr Buch auch nicht gelesen," gab er zu. „Sie wußte es von einem ihrer Freunde."

„Aber wie auch immer," setzte Barbara schnell hinzu, „Winston hat sein eigenes, ganz spezielles Spielzeug. Da es das einzige ist, das er mag, benutzen wir immer das. Er würde nie mit einem anderem Spielzeug spielen."

Nun, ganz sicher spielte Winston gerade mit diesem hier.

„So spielt er sonst nie," kommentierte Andy und schüttelte den Kopf. „Er knurrt und faucht immer, wenn er mit seinem Spielzeug spielt, und jetzt ist er ganz ruhig."

Ich blickte zu den beiden hoch. „Er knurrt und faucht?"

„Oh ja," antwortete Andy. „Jedesmal, wenn wir spielen."

Während wir uns unterhielten, spielten Winston und ich angeregt mit dem Kätzchen-Necker. Er pirschte sich an, duckte sich und machte einen Satz auf das Spielzeug, während ich es den Teppich entlangzog. Für eine Katze, die noch nie mit irgendetwas außer ihrem „Spezial"-Spielzeug gespielt hatte, stellte er sich verdammt geschickt an. Und er hatte Spaß dabei. Ich fragte mich besorgt, welche Art von Spiel die McMillans mit Winston spielten. Fauchen gehört nämlich zu Spielstunden nicht dazu.

„Kann ich Winstons Spielzeug sehen?" fragte ich beiläufig. Ich machte mir Sorgen – was auch immer sie benutzen mochten –, daß sie ihn zuviel stimulierten. Dann wäre er zu erregt gewesen, als sie versuchten, ihn mit Courtney bekannt zu machen.

„Geh du es holen," bat Barbara Andy und drehte sich wieder zu mir um. „Wissen Sie, schon als Kätzchen liebte Winston es, zu spielen, aber er spielte zu rabiat. Er übersäte unsere Hände mit Kratzern und Bissen. So kamen wir auf diese Idee und sie funktionierte."

Während Andy im anderen Zimmer Winstons Spielzeug holte, verlagerte ich meine Position auf dem Boden. Als ich den Kätzchen-Necker hinlegte, trottete Winston zu mir hinüber und rieb sich an mir. Er schnurrte laut und anhaltend. Offensichtlich hatte er unser Spiel genossen und bedankte sich bei mir. Ich streckte die Hand nach ihm aus und streichelte ihn.

„Normalerweise ist er bei Fremden nervös," bemerkte Barbara. „Er scheint Sie zu mögen."

Andy erschien wieder im Zimmer, wobei er seine rechte Hand hinter dem Rücken hielt.

„He, Winston, schau mal, was Daddy hier hat," kündigte er an und kniete hinter dem Sessel nieder. Zuerst sah ich etwas wie zwei orangefarbene Ohren auf der einen Seite des Stuhles zum Vorschein kommen. Das nächste, was sichtbar wurde, war der obere Teil eines Kopfes. Schließlich erkannte ich, was für ein Spielzeug das war: Es war eine orangefarbene Katzenpuppe. Andy ließ sie tanzen und über den Teppich flitzen. Er lachte und ermunterte Winston, „spielen" zu kommen.

„Ist das nicht eine großartige Idee?" kicherte Barbara. „Winston attackiert es wie verrückt. Da Sie sich mit Katzenverhalten und all dem Kram beschäftigen, könnten Sie das vielleicht bei Ihren Klienten einsetzen."

Ich vermied es, sie anzusehen, da ich befürchtete, man könne mir den Horror, den ich gerade durchmachte, an meinem Gesicht ablesen.

Plötzlich hörte ich Winston fauchen und knurren. Genau gesagt, war es mehr wie ein Schrei. Er stürzte sich sofort auf die Puppe, kratzte, biß und trat sie mit den Hinterbeinen.

„Andy, bitte hören Sie auf," sagte ich.

„Wie bitte?" Er schaute verwirrt hoch.

„Bitte nehmen Sie die Puppe weg. Winston spielt nicht. Er ist aggressiv."

„Nein, ist er nicht," verteidigte Barbara. „Wir machen das, seit er ein Kätzchen ist."

Winstons Haltung, Aktionen und Laute waren pure Aggression. Zwei Jahre lang hatten die McMillans ihn konditioniert, diese Puppe zu attackieren. Nun war mir klar, warum er Courtney angriff.

Bei meiner Arbeit versuche ich, nie die Besitzer zu beschuldigen, weil ich weiß, daß sie alle nur das Beste für ihre Katze wollen. Auch wenn die Ursache für das Problem eigentlich offensichtlich sein sollte, weiß ich, daß sie leicht von einem wohlmeinenden Besitzer übersehen werden kann. Mit diesem Gedanken im Hinterkopf machte ich mich daran, Barbara und Andy beizubringen, wie sie die Körpersprache ihres Katers zu lesen hatten. Wir sprachen durch, worin sich Winstons Spiel mit dem Kätzchen-Necker von dem mit der Puppe unterschied.

Die beiden waren völlig überrascht zu erfahren, daß Winstons Reaktion auf die Puppe weder verspielt war, noch etwas mit Spaß zu tun hatte. Aber als wir unser Gespräch fortsetzten, begannen sie zu verstehen, warum er nicht sonderlich erpicht darauf war, das neue Kätzchen als freundlichen Gefährten ins Herz zu schließen.

„Ich fühle mich so furchtbar," sagte Barbara schließlich, wobei sie zu Winston hinüberblickte.

„Junge, Junge, ich komme mir vielleicht dumm vor," gab Andy zu. „Werden wir Courtney abgeben müssen?"

„Lassen Sie uns zunächst einen Plan zur Verhaltensänderung

durchgehen," schlug ich vor. „Fürs erste kann Courtney im Gästezimmer bleiben. Wir müssen mit Winston arbeiten."

Während der nächsten Stunde zeigte ich ihnen, wie sie mit Winston interaktive Spielzeuge benutzen sollten. Ich erklärte, daß die Spielzeit eine anregende und positive Erfahrung für eine Katze sein müsse – und nicht, wie mit der Puppe – ein Kampf um Sicherheit und Territorium. Die Katzenpuppe war ein aufdringlicher Feind, der immer wieder auf Winstons Gebiet auftauchte. Was immer er auch anstellte, er wurde ihn nicht los. Immer wieder tauchte die ziemlich große Puppe plötzlich auf und erschreckte ihn.

Andy gab zu, daß er den Kater oft auf den Boden drückte und ihn zwang, sich auf den Rücken zu drehen. Er dachte, Winston würde das Spiel genießen.

Als Kind hatte Andy einen Hund gehabt, der es liebte, wild mit ihm zu spielen. Da er nie zuvor eine Katze besessen hatte, spielte er mit Winston auf die gleiche Weise. Barbara hatte vorher nur Katzen gehabt, die ausschließlich draußen lebten, und sie gab zu, daß sie nie mit ihnen gespielt hatte. Damals hatte sie ihnen nur Futter und Wasser hingestellt.

Irgendwann spazierte Winston hinüber zu den Spielzeugen neben dem Stuhl und berührte eines sanft mit der Pfote. Ich folgte seinem Hinweis, hob das Spielzeug hoch und wir nahmen unser Spiel wieder auf.

Während unserer Sitzung lernten Barbara und Andy, die Spielzeit als eine Gelegenheit zu nutzen, bei der Winston seine Jagdtriebe austoben konnte. Die verführerischen kleinen Spielzeuge, die von dem Stab baumelten, stellten Beute dar. Das Entscheidende war nun, das Spielzeug auf die Weise agieren zu lassen, wie Beute es tun würde.

„Dieses Spielzeug," begann ich, während ich das kleine baumelnde Objekt hochhielt, „kann eine Maus, eine Grille, eine Eidechse, oder irgendetwas, was eine Katze jagen könnte, darstellen. Vergleichen Sie seine Größe mit der einschüchternden Größe der Katzenpuppe. Dieses kleine Spielzeug wird den Jäger in Winston ansprechen, ohne ihm Angst zu machen."

Die McMillans spielten abwechselnd mit einem der Spielzeuge mit ihrem Kater. Er reagierte darauf mit zeitlich wunderbar abgestimmten Sprüngen und erfolgreichen Fängen.

„Lassen Sie ihn bei jeder Sitzung viele Fänge machen, damit ihm die Spielzeit Spaß macht und sein Vertrauen aufgebaut wird," sagte ich, wobei ich Winston beobachtete, wie stolz er ein Spielzeug im Maul hielt.

Nach unserer Spieltherapie-Sitzung ging Winston zu einem der Stühle hinüber, sprang hinauf und streckte sich aus. Er begann eine ausgiebige Gesichtswäsche. Völlig zufrieden schlief er dann ein.

Für mich war es nun an der Zeit, Courtney kennenzulernen. Andy öffnete mir die Tür und gab mir ein Zeichen, das Gästezimmer zu betreten, um den Anlaß für Winstons Kummer zu sehen. Als ich den Raum betrat, wurde mir sofort klar, warum Courtney niemals eine Chance bei Winston gehabt hatte. Dort lag zusammengerollt auf dem Bett eine lebendige Miniatur der Puppe. Courtney sah genauso aus wie dieses Ding, das die McMillans Winston zu hassen gelehrt hatten.

Sobald Courtney uns im Zimmer hörte, setzte sie sich auf und schielte hinter uns, als ob sie nach Winston suchen würde. Erst als sie sicher war, daß er sich nicht in der Nähe aufhielt, entspannte sie sich und sprang vom Bett herunter, um uns zu begrüßen.

Nachdem ich etwas Zeit mit Courtney verbracht hatte, stellte ich den McMillans einen Plan für die erneute Zusammenführung der beiden Katzen auf. Vorläufig sollten sie die Zimmer-Katzen-Austausche fortsetzen. Außerdem sollten sie zweimal täglich kurze Spieltherapie-Sitzungen mit Winston durchführen. Ich betonte die Bedeutung dieser Sitzungen. Mein Ziel war, daß er entspannt, glücklich und vertrauensvoll war – und nie übermäßig stimuliert. Ich zog die Möglichkeit in Betracht, bei Winston während der Phase der erneuten Zusammenführung für kurze Zeit einen milden Tranquilizer einzusetzen. „Zunächst werden wir es ohne Tranquilizer versuchen," sagte ich. „Falls wir dennoch einen brauchen, werden wir das mit Winstons Tierarzt besprechen."

Als nächstes sollte Andy drei (von mir zur Verfügung gestellte) Babygitter im Türrahmen zu Courtneys Zimmer anbringen. Das sollte während der Zeit geschehen, in der die McMillans zu Hause waren. Die Gitter sollten übereinander angebracht werden, um zu verhindern, daß Winston hinein- und Courtney herauskäme. So würde Winston daran gewöhnt, Courtney regelmäßig, aber immer am gleichen Ort, zu sehen. Es würde keine überraschenden Auftritte wie mit der Puppe geben. Er würde wissen, daß er in Sicherheit und alles unter Kontrolle wäre. Wir mußten sein Verhaltensmuster durchbrechen.

Außerdem war es wichtig, Winston mit positiven Ablenkungen zu umgeben: Er durfte nicht dadurch frustriert werden, daß er nicht zu Courtney gelangen konnte. Während unserer Sitzung fragte ich Barbara, ob sie ihm je irgendwelche besonderen Leckerbissen gegeben hätten.

„Er liebt Hühnchen," sagte sie. „Wir verwöhnen ihn ab und zu damit."

Nun, normalerweise halte ich nichts davon, Essen vom Tisch an Katzen zu verfüttern, aber bei schwierigen Verhaltenslektionen können ein paar Leckerbissen (und ich meine – nur ein paar!) dabei helfen, daß Katzen gute Dinge miteinander assoziieren. Wenn Winston ein paar Happen Hühnchen auf dem Korridor vor Courtneys Zimmer bekäme, würde er die Nähe des kleinen Kätzchens mit positiven Dingen in Verbindung bringen. Zusammen mit den Spielstunden und sehr viel Aufmerksamkeit würde ihm das ermöglichen, sich von der Anwesenheit des Neuzugangs weniger bedroht zu fühlen.

Gewappnet mit einigen weiteren spezifischen Anweisungen, fühlten sich die McMillans in bezug auf Courtneys Zukunft in ihrem Haus etwas optimistischer. Als ich sie verließ, versicherte ich ihnen, daß ich lediglich einen Anruf weit entfernt sei. Ich bat um regelmäßige Berichte über die Fortschritte.

Nach fünf Tagen regelmäßiger Spieltherapie-Sitzungen mit Winston, diesmal mit den richtigen interaktiven Spielzeugen, brachten sie die Babygitter vor Courtneys Zimmer an. Andy berichtete, daß Winston knurrte und fauchte. Das Fauchen kam in dieser Situation ganz erwartet und war ziemlich normal, aber mit der Hilfe von Hühnerhäppchen und lockeren Spielstunden beruhigte er sich bald. Vier Tage, nachdem die Gitter angebracht worden waren, beschränkte sich das Fauchen auf ein paar sporadische Vorfälle. Am fünften Tag spazierte Winston zu dem Zimmer hin, nun aber mit einem Ton, den man kaum noch ein Fauchen nennen konnte.

Eine Woche später bekam ich einen Anruf von Barbara: Sie berichtete, daß Winston und Courtney sich mit den Nasen durch das Gitter berührt hatten. Winston hatte sogar behutsam seine Pfote durch das Gitter gestreckt (höflich, ohne Krallen) und Courtney berührt.

„Ich bin so aufgeregt." Barbara war den Tränen nahe. „Ich hätte nie gedacht, daß das noch einmal passiert. Ich war sicher, daß wir Courtney weggeben müßten."

Schon wenige Tage später waren Courtney und Winston regelmäßig mit dem Spiel durch die Gitterstäbe beschäftigt.

„Es ist an der Zeit, das Gatter zu öffnen und Courtney herauszulassen," sagte ich bei meinem nächsten Nachsorgegespräch.

„Ich bin sehr nervös," gab Barbara zu.

„Behandeln Sie es ganz beiläufig, dann wird auch Winston es nicht als eine große Sache ansehen."

Barbara und Andy waren sehr besorgt, daß Winston Courtney bei der ersten Gelegenheit angreifen würde, daher sagte ich zu, vorbeizukommen.

Der Plan sah vor, daß ich mittags ankommen und mit den beiden essen sollte. Anschließend wollte ich eine Spielsitzung mit Winston durchführen. Auf diese Weise könnte er sich an meine Anwesenheit gewöhnen, bevor wir das Gatter öffneten.

Der große Augenblick stand bevor. Barbara hatte einen kleinen Behälter mit gekochten Hühnerstücken vorbereitet. „Für den Notfall," wie sie sagte. „Es wird alles gutgehen." Ich tätschelte ihren Arm und schickte die beiden ins Wohnzimmer – Winston brauchte keine zwei auf ihn gerichteten Augenpaare, die nur darauf warteten, daß er eine falsche Bewegung machte.

Ich setzte mich in den Flur und ließ beiläufig das Gatter aufschnappen. Courtney ging vorsichtig hinaus, während Winston zuschaute. Dann stand er plötzlich auf. Während ich versuchte, ganz lässig zu wirken, beobachtete ich aus dem Augenwinkel, wie Winston zu Courtney hinspazierte und an dem geöffneten Gatter schnüffelte. Natürlich bemerkte er auch den Plastikbehälter mit Hühnchen, der in der Nähe stand.

„Na, ich würde sagen, dieses außergewöhnliche Verhalten verdient eine Belohnung," verkündete ich und bot ihm ein Stück an. Dann langte ich hinüber und gab auch Courtney ein kleines Stückchen. Courtney spazierte zum Ende des Flurs, neben den Eingang zum Wohnzimmer und wartete. Es war, als wüßte sie, daß sie Winstons Erlaubnis brauchte, um weiter in sein Revier vorzudringen. Winston näherte sich ihr. Ich hielt den Atem an und blieb völlig regungslos. Er stand Nase an Nase mit ihr, dann streckte er die Zunge heraus und leckte ihr oben über den Kopf. Zufrieden spazierte er dann aus dem Flur hinaus. Courtney blickte zunächst mich an und dann Winstons entschwindender Gestalt hinterher.

„Na, geh schon, Courtney," lächelte ich. „Ich denke, er hat dir gerade seine Zustimmung gegeben."

Die Scheidung

„Hier spricht Allen Hetherington," lautete die Botschaft. „Ich muß Sie in einer Rechtssache sprechen. Bitte rufen Sie mich morgen früh an, bevor ich zum Gericht gehe."

Eine Rechtssache? Ich notierte mir schnell seinen Namen und seine Nummer. Er war mir überhaupt nicht bekannt. Ich war neugierig und leicht beunruhigt. Am nächsten Morgen rief ich Mr. Hetherington zurück. Seine Sekretärin stellte mich direkt zu ihm durch.

„Mrs. Johnson, danke für den Rückruf," sagte er.

„Was kann ich für Sie tun?"

„Ein Klient, den ich in einer Scheidung vertrete, hat vorgeschlagen, daß Sie uns im Hinblick auf die Katze des Paares helfen könnten."

„Hat die Katze ein Verhaltensproblem?" fragte ich.

„Nein," antwortete er. „Das Problem betrifft das Paar. Mein Klient und seine Frau haben sich über alle Aspekte der Teilung geeinigt, ausgenommen in dem Punkt, wo es um ihr Tier geht. Sie haben die Katze während ihrer Ehe aufgenommen und sie gehört ganz klar beiden. Das Problem ist, daß sie sich nicht einigen können, welche Partei sie behalten darf." Der Ton seiner Stimme deutete an, daß er das alles für reine Zeitverschwendung hielt.

„Was kann ich dabei tun?" fragte ich.

Er räusperte sich. Ich hörte im Hintergrund, wie er in Papieren blätterte. „Sowohl mein Klient als auch seine Frau haben zugestimmt, daß sie Ihren Einsatz schätzen würden."

„Meinen Einsatz?"

„Ja." Das Geräusch von raschelndem Papier hörte auf. „Wir hätten gern, daß Sie einige Zeit mit dem Paar und seiner Katze verbringen und uns dann sagen, bei wem die Katze Ihrer Meinung nach am glücklichsten wäre."

Um so etwas war ich noch nie gebeten worden. „Mr. Hetherington, ich bin nicht sicher, ob ich …"

Er unterbrach mich. „Bitte, Mrs. Johnson. Das Paar ist nicht in der Lage, diesen einen Punkt zu lösen. Sie sind beide gewillt zu akzeptieren, was immer Sie sagen." Er klang, als würde seine Geduld mit mir nachlassen.

Ich hörte eine weibliche Stimme und das Geräusch, wie er den Hörer mit der Hand bedeckte. Eine gedämpfte Unterhaltung folgte, dann war er wieder an der Leitung. „Entschuldigen Sie, Mrs. Johnson. Ich muß jetzt zum Gericht aufbrechen. Wären Sie bereit, das Paar zu treffen?"

„Ja, in Ordnung."

„Ich danke Ihnen. Das ist wunderbar. Ich sage meiner Sekretärin, daß sie Sie anrufen soll, um ein Treffen auszumachen." Dann wurde aufgelegt.

Mr. Hetheringtons Sekretärin rief mich zwanzig Minuten später an. „Was wäre Ihnen lieber, wollen Sie sich in der Wohnung der Klienten, hier im Büro oder in Ihrem Büro treffen?"

„Mir ist es lieber, wenn sich die Katze in ihrer gewohnten Umgebung befindet. Meine Empfehlung wäre das Haus der Klienten."

„Sehr gut," sagte sie, wobei sie erleichtert klang. Ich vermute, ihr Chef war nicht gerade wild darauf, daß eine Katze zu einem Treffen in sein Büro gebracht würde.

Der Termin wurde auf den folgenden Dienstag festgelegt. Sowohl der Ehemann als auch die Frau würden zu Hause sein. (Der Ehemann war einige Monate zuvor ausgezogen.) Auf meine Bitte hin würden die Anwälte nicht anwesend sein, um die Katze nicht durch zu viele unbekannte Gesichter zu stören. Außerdem vereinbarte das Paar, vernünftig miteinander umzugehen, damit unser Treffen produktiv würde.

Debbie und Mark Kelbreth ließen sich nach acht Jahren Ehe scheiden. Da sie keine Kinder hatten und auch relativ problemlos ihre angesammelten Besitztümer aufteilen konnten, war die Scheidung bislang glatt verlaufen. Mark war einverstanden, daß Debbie das Haus behalten könnte und die Hypothekenzahlungen übernehmen würde. Beide hatten ein gutes Einkommen, so gab es nur sehr wenig Streit um finanzielle Arrangements. Das einzige, worum sie noch stritten, war das Sorgerecht für ihre fünf Jahre alte Katze Misty. Sowohl Mark als auch Debbie liebten sie innig, und keiner von beiden war bereit, sie aufzugeben. Seit ihrer Trennung hatten sie sich die Sorge um sie vorübergehend geteilt. Debbies Anwalt hatte ein gemeinsames Sorgerecht auf einer dauerhaften Basis empfohlen, aber Mark plante, in seine Heimatstadt zurückzukehren, die mehr als hundert Meilen weit entfernt lag. Anscheinend gab es keinen Kompromiß, der beide Parteien zufriedenstellen würde. Jeder von ihnen wollte die Katze, und so hofften sie auf mich, daß ich etwas Licht ins Dunkel bringen würde. Glauben Sie mir, ich spürte den Druck.

Ich erfuhr, daß sie Misty, eine reinrassige Manx, von einem Züchter erworben hatten, obwohl Debbie keine Rassekatze wollte. Sie hatte gehofft, sich in eine heimatlose Streunerin aus dem Tierheim zu verlieben, aber in puncto Rassekatze blieb Mark unnachgiebig. So besuchten sie einige Züchter, bis sie das richtige Kätzchen gefunden hatten.

Kurz nachdem sie das neue Kätzchen nach Haus gebracht hatten, wurde es ernsthaft krank. Der Tierarzt empfahl, es zum Züchter zurückzubringen, aber das Paar hing bereits sehr an ihm. Debbie war entschlossen, alles Nötige zu tun, um Misty wieder gesund zu machen.

Nach Wochen der Rund-um-die-Uhr-Versorgung wurde Misty endlich kräftiger und gesünder. Sowohl Mark als auch Debbie hatten ihre ganze Zeit geopfert, um das neue Mitglied ihrer Familie zu retten. Nun, fünf Jahre später, war keiner von ihnen bereit, Lebewohl zu sagen.

Wir hielten unsere Sitzung auf der Veranda ab. Es war ein schöner Rahmen und wäre unter anderen Umständen für einen freundschaftlichen Besuch wie geschaffen gewesen. Ich konnte sehen, wie nervös Mark und Debbie waren. Ich war selbst nervös, da dies mein erster Sorgerechtsfall war.

Während wir uns unterhielten, wurde ich sehr traurig. Es war offensichtlich, daß sowohl Mark als auch Debbie Misty anbeteten und dies eine furchtbar schmerzliche Situation war.

Wenn man bedachte, daß dieses junge Paar gerade dabei war, eine achtjährige Ehe aufzulösen, behandelten sie sich gegenseitig sehr rücksichtsvoll. Sie erklärten mir, warum sie sich trennten – das mußte ich eigentlich nicht wissen, aber sie fühlten sich verpflichtet, es zu offenbaren. Erst als Mistys Name fiel, wurde die Spannung zwischen beiden spürbar.

Während wir plauderten, bemerkte ich Misty. Sie saß in der entgegengesetzten Ecke der Veranda und beobachtete die Vögel im Hinterhof durch das Fliegengitter. Sie hatte keine Ahnung, daß sie der Mittelpunkt dieses ganzen Durcheinanders war.

Ich sprach mit den Kelbreths über ihre fünf Jahre mit Misty. Normalerweise erzählen mir Besitzer ihre Katzengeschichten sehr bereitwillig – daher hoffte ich, aus ihren Berichten ein klareres Bild davon zu bekommen, wer diese Leute waren und was für eine Art Beziehung jeder von ihnen zu Misty hatte.

Die Diskussion spitzte sich zu. Jeder der beiden beharrte auf den speziellen Verantwortungen, die er für Misty übernommen hatte, solange sie noch zusammenlebten.

Sie begannen zu streiten, wer sie mehr fütterte, wer mit ihr zum Tierarzt ging, wer aufblieb, wenn sie krank war und wer sie am häufigsten bürstete. Ich blickte zu Misty hinüber, deren Ohren vor- und zurückzuckten. Arme Katze – ihr Name fiel so oft, vermutlich hatte sie nicht die leiseste Idee, was sie von dem Ganzen halten sollte.

Um die Situation zu entspannen, schlug ich vor, einige Zeit mit Misty zu spielen. Debbie suchte Mistys Spielsachen heraus, und wir setzten uns alle auf den Verandaboden. Beide versuchten, die Katze zum Spielen zu ermuntern. Misty war überhaupt nicht interessiert, und ich konnte es ihr nicht verübeln. Sie weigerte sich, bei diesem Spiel mitzuspielen, bei dem es nur darum ging, sich gegenseitig auszustechen. Ich übernahm die Leitung, zeigte den Kelbreths ein paar der interaktiven Spielzeuge, die ich immer bei meiner Arbeit benutze und verwickelte Misty in ein lockeres Spiel.

Am Ende der Sitzung fragte ich, ob ich sie wiedersehen könnte, aber dieses Mal jeweils unter vier Augen. Ich wollte mir Klarheit verschaffen, wie jeder von ihnen mit der Katze interagierte – ohne die Streiterei um Misty. Beide sahen extrem besorgt aus.

Ich machte mit jedem von ihnen ein Treffen aus. Das Treffen mit Debbie wurde auf den nächsten Tag festgesetzt, das mit Mark zwei Tage später. Es wurde vereinbart, daß Mark zu seinem Treffen zu dem Haus kommen sollte, damit Misty nicht hin- und hertransportiert werden mußte. Debbie wollte an diesem Nachmittag ausgehen.

Am nächsten Morgen machte ich mich auf den Weg zu unserer Sitzung in Debbies Haus. Ungeduldig begrüßte sie mich an der Tür. „Ich bin sehr optimistisch," sagte sie fröhlich, als wir nach hinten auf die Veranda gingen. „Alles in allem wird es viel besser für Misty sein, in dem Zuhause zu bleiben, das sie kennt, als mit Mark umzuziehen." Sie war aufgekratzt und zuversichtlich, ganz anders, als ich sie vom vorhergehenden Tag in Erinnerung hatte.

Anfangs war mein Plan gewesen, mich mit Debbie zu unterhalten und sie dann zu einer Spielsitzung mit Misty zu bewegen. Aber das Merkwürdige war, daß Misty von dem Zeitpunkt an, als ich durch die Tür trat, nicht von Debbies Seite wich. Sie strich beim Gehen an ihren Beinen entlang, und als wir uns hinsetzten, sprang sie in ihren Schoß, wobei sie ihr Kinn kräftig gegen Debbies Arm rieb. Offensichtlich verhielt sich die Katze ganz anders als am Vortag. Irgendetwas war hier faul. Ich fragte mich, ob hier irgendeine Art von Manipulation stattfand.

„Ist Misty immer so anhänglich bei Ihnen?" fragte ich beiläufig. „Gestern sah es nicht danach aus."

„Oh, ja," antwortete Debbie. „Sie ist nur reservierter, wenn Mark in der Nähe ist. Deshalb bin ich glücklich, daß Sie uns alleine sehen wollten."

Merkwürdig, als ich das erste Mal eine Sitzung unter vier Augen erwähnte, schienen sowohl Mark als auch Debbie sehr besorgt zu sein. Ich witterte einen Trick. Während wir uns unterhielten, beobachtete ich, wie Misty sich gegen ihre Besitzerin drückte und sich an ihr rieb, und mein Verdacht wurde immer stärker. „Debbie," begann ich sanft. „Ich weiß, daß

Misty Ihnen eine Menge bedeutet und daß dies hier eine sehr schwierige Situation ist. Aber die Art wie sie sich verhält, ähnelt stark der Weise, in der eine Katze auf Katzenminze reagiert. Haben Sie ihr ein bißchen gegeben, bevor ich kam?"

Sie antwortete nicht, sondern blickte mich nur unschuldig an. Oh ja, ich wurde gerade hereingelegt. Ich hakte etwas nach, schließlich gab Debbie zu, Katzenminze auf Arme und Kleidung gerieben zu haben, als sie mich in die Auffahrt einbiegen sah. „Ich hatte so ein Gefühl, daß Sie es herausbekommen würden," murmelte sie.

Als dies geklärt war, kamen wir zum Kern der Sache. Wir sprachen über die speziellen Qualitäten ihrer Beziehung zu Misty. Sie erzählte mir, wie sie sie gesundgepflegt hatte, als sie ein Kätzchen war. Debbie erzählte mir auch viele Geschichten über das Leben mit Misty und wie sehr sie sie vermissen würde, wenn Mark sie mitnähme. Mein Besuch endete nach einer Stunde, und zwei Tage später kehrte ich zu meiner Verabredung mit Mark zurück. Nun, es war wirklich komisch, aber von dem Moment an, in dem Mark an die Tür kam, folgte Misty ihm überall hin, genauso, wie sie es mit Debbie getan hatte. Sie sprang auf seinen Schoß, als wir uns hinsetzten, und begann, seine Arme und sein Gesicht abzulecken. Ich konnte es nicht glauben, aber ich sah eine Wiederholung des Nachmittags mit Debbie. Misty reagierte jedoch etwas anders. Dies war definitiv keine Reaktion auf Katzenminze, aber nichtsdestotrotz war da irgendetwas im Busch. Als Mark über seine Gefühle zu Misty losplauderte, versuchte ich mich darauf zu konzentrieren, worauf die Katze möglicherweise reagierte. Es mußte irgendeine Art von Futter sein. Ich beugte mich etwas nach vorne, während Mark erzählte. Dabei versuchte ich, einen Hauch von etwas zu erwischen, das mir einen Hinweis geben könnte. Sobald ich mich nach vorne beugte, lehnte Mark sich zurück. Ich beugte mich noch ein bißchen weiter vor, und wie erwartet, wich Mark immer weiter zurück. Er versuchte, meiner Ermittlung aus dem Weg zu gehen. Ich schnupperte die Luft. Die meisten Katzen sind verrückt auf Thunfisch. Ich schnupperte, konnte aber keinen Fischgeruch wahrnehmen. Ich beugte mich nochmals etwas nach vorne. Mark lehnte sich bereits soweit zurück, wie er konnte. Angestrengt versuchte er, unbekümmert zu erscheinen.

„Misty scheint Ihnen gegenüber ausgesprochen anhänglich zu sein. Ist sie immer so?" fragte ich mit einer hochgezogenen Augenbraue.

„Bei mir ist sie so," antwortete er. „Sie hängt viel mehr an mir als an Debbie."

Okay, ich hatte genug – ich war es leid, Spielchen zu spielen. Also sagte ich etwas schärfer zu Mark, er solle mir lieber reinen Wein darüber einschenken, was er getan hatte, um Mistys Verhalten zu beeinflussen. Nach ein wenig Nachbohren gab Mark schließlich zu, Arme und Gesicht mit gekochtem Hühnchen eingerieben zu haben – er hatte es extra in einer Plastiktüte aus seiner Wohnung mitgebracht.

Er und seine ihm fremd gewordene Frau hatten offensichtlich eine ganze Menge gemeinsam. Sie dachten sehr ähnlich. Zu schade, daß sie nicht zusammenblieben.

Als die Wahrheit endlich heraus war, setzten wir unsere Sitzung fort.

Ich hatte sowohl mit Mark als auch mit Debbie eine ganze Weile verbracht, und nun mußte ich sorgfältig überlegen, welcher von beiden der Beste für Misty wäre. Es war eine extrem schwierige Entscheidung. Auch wenn jeder von ihnen versucht hatte, mich auszutricksen, so wußte ich doch, daß es aus der Verzweiflung heraus geschehen war, die Katze zu behalten. Ich rang mit mir, aber schließlich war ich bereit, ihnen meine Meinung darzulegen.

Seit meiner Sitzung mit Mark waren zwei Tage vergangen. Ich hatte geplant, sowohl Marks als auch Debbies Anwalt nach meinen morgendlichen Terminen anzurufen. Ich kam zu einem schnellen Mittagessen nach Hause und hörte meinen Anrufbeantworter ab. Gleich danach wollte ich Mr. Hetherington anrufen. Aber auf meinem Anrufbeantworter befand sich eine Nachricht von ihm. „Er will das vermutlich so schnell wie möglich gelöst haben," sagte ich bei mir, während ich seine Nummer wählte.

„Mrs. Johnson – danke, daß Sie so schnell zurückrufen," sagte der Anwalt, als seine Sekretärin mich zu ihm durchgestellt hatte.

„Mr. Hetherington, ich bin bereit ..."

Er unterbrach mich. „Ja, ja, das ist der Grund, warum ich Sie anrufe. Es scheint, daß Mr. und Mrs. Kelbreth sich entschieden haben, einen Versuch zur Versöhnung zu starten."

„Wie bitte?" Ich legte mein Butterbrot ab.

„Die Vorkommnisse der vergangenen Tage haben offensichtlich einige Gefühle hochkommen lassen, die sie nicht ignorieren können." Er atmete tief aus. „Ich entschuldige mich für jegliche Umstände Ihrerseits. Bitte schicken Sie mir eine Rechnung über Ihre Zeit, und ich werde sie an die Kelbreths weiterleiten." Er klang erleichtert, diesen Fall vorläufig zu den Akten legen zu können.

Nachdem ich den Hörer aufgelegt hatte, blieb ich eine längere Zeit sitzen. Das war alles sehr merkwürdig. Hatten die Ereignisse der vergangenen Tage rund um Misty wirklich einen Einfluß auf Marks und Debbies Gefühle füreinander gehabt?

Im Lauf meiner Karriere habe ich geholfen, Beziehungen zwischen Katzen und ihren Besitzern zu kitten, und ich weiß, daß ich die Spannung zwischen den Familienmitgliedern während einer Verhaltenskrise der Katze gelockert habe. Aber so gerne ich mir den Verdienst, dieses Paar auf der Schwelle zur Scheidung zu retten, auch gutschreiben würde, muß ich ehrlicherweise gestehen: Ehre, wem Ehre gebührt – nämlich Misty.

Ach, übrigens, falls Sie sich fragen, wer meiner Meinung nach Misty hätte behalten sollen: Ich denke, die Antwort sollte in meinen Akten verschlossen bleiben. Mark, Debbie und Misty sind glücklich zusammen, und das ist alles, was zählt.

Die Kelbreths waren mein erster Katzen-Sorgerechtsfall. Später hat man mich mehrfach gebeten, solche Fälle zu schlichten. Unglücklicherweise endeten die meisten nicht mit einem solchen Happy End. Viel zu oft leiden die Katzen schweigend, während der Ehemann und die Ehefrau sich bekämpfen. Scheidung tut jedem weh, sogar den Haustieren.

Bonsai und der Geliebte

Die fünfundzwanzigjährige Sekretärin Jill Dunn war seit sechs Monaten mit dem Mann ihrer Träume zusammen. Sie und ihr Geliebter waren vollkommen glücklich. Sogar ihre Mutter und ihr Vater beteten Ed an, einen neunundzwanzig Jahre alten Musiklehrer. Jills älterer Bruder Tommy hielt Ed ebenfalls für einen schrecklich netten Kerl. Lediglich ein Mitglied in Jills Familie war nicht mit der Beziehung einverstanden. Nämlich das andere bedeutsame männliche Wesen in Jills Leben: Sie haben es erraten – es war der Kater!

Während unseres ersten Telefonats erklärte Jill, daß sie allein gelebt hatte, seit Bonsai ein Kätzchen war. Von dem Moment an, in dem sie ihren neuen Freund mit nach Hause gebracht hatte, verhielt sich der zwei Jahre alte chocolate-point Siamkater ihm gegenüber sehr feindselig.

„Bonsai bedeutet mir alles," sagte Jill. „Und so hat er sich noch nie bei jemandem, der zu Besuch kam, verhalten."

„Es ist nicht ungewöhnlich für eine Katze, jemandem gegenüber sehr mißtrauisch zu sein, der plötzlich viel von Ihrer Zeit in Anspruch nimmt," erklärte ich ihr. „Er versteht nicht, warum sich sein Leben so drastisch verändert."

Offensichtlich hatte der Kater Jills frühere Liebhaber toleriert, weil sie nie lange genug blieben, um in irgendeiner Art und Weise ein Problem darzustellen. Aber dies war Jills erster ernstzunehmender Liebhaber, und Bonsai rollte keineswegs den roten Teppich zum Willkommen für ihn aus. Nur – Ed blieb trotzdem, und Bonsai war besorgt.

„Ich weiß nicht, wieviel Ed noch erträgt," seufzte Jill.

Ich bat sie, Bonsais Verhalten zu beschreiben. Sie sagte, daß er vor allem häufig in Eds Richtung fauchte. Soweit war das ein relativ normales Verhalten für eine Katze, die wegen eines Eindringlings in ihrem Zuhause beunruhigt ist.

„Hat er denn Ihren Freund jemals richtig angegriffen?" fragte ich. Keine Antwort. „Jill?" Schweigen. „Hallo, Jill?" Wieder Schweigen.

Endlich sprach sie. „Ähm, können wir darüber sprechen, wenn Sie hierherkommen?"

Ah ja. „Wenn Sie das vorziehen," stimmte ich zu.

Als ich den Hörer auflegte, fragte ich mich, was Jill mir aus Angst nicht erzählen wollte. Was auch immer es war, ich wußte, es war nichts Gutes.

Jill und ihr Kater lebten in einem kleinen Zweizimmer-Appartment. Es war das einzige Zuhause, das Bonsai je kennengelernt hatte, seit Jill ihn im Alter von acht Wochen in einer Zoohandlung erworben hatte. Bonsai befand sich direkt neben Jill, als sie die Tür öffnete. In typischer Siam-Manier gab er einige Begrüßungslaute von sich.

Mir sprang bei diesem winzigen Appartment sofort ins Auge, wie sehr es mit Möbeln vollgestopft war. Jill dirigierte mich zum Sofa, aber um dorthin zu gelangen, mußten wir uns seitlich zwischen zwei eng nebeneinander gestellten Tischen hindurchquetschen.

„Ich entschuldige mich dafür, wie es hier aussieht, aber Ed ist erst vor zwei Wochen hier eingezogen," erklärte sie, während ich umhertappte, um meinen Koffer und andere Kleinigkeiten durch die engen Stellen zu manövrieren, ohne irgendetwas von den Tischen zu stoßen. „Der Mietvertrag von seinem Appartment lief aus, daher bleibt er hier, bis wir eine größere Wohnung finden. Mein Mietvertrag läuft in drei Monaten aus. Es ist ein bißchen unbequem, aber wir denken, das ist es wert."

Sie wollten beide drei Monate lang in dieser Wohnung leben? Ein bißchen unbequem? Es gab kaum genug Platz auf dem Boden, um einen Fuß aufzusetzen.

Bonsai sprang auf einen der Tische und blickte sich um. Er war wegen dieser Veränderung nicht gefragt worden, und es war ganz offensichtlich, daß er sie nicht schätzte. Er schien seine gewohnten Möbel zu suchen. Behutsam spazierte er an einem Tisch entlang, hüpfte auf einen Stuhl und durchquerte dann das Zimmer hin zu einem Korbschaukelstuhl, der in eine Ecke geschoben war. Er ließ sich darauf nieder und rollte sich zusammen. Ich nahm an, daß der Stuhl Jill gehören müsse.

Ich nahm mein Notizbuch heraus. „Erzählen Sie mir von Bonsai."

Jill veränderte ihre Position. „Nun, er haßt Ed," begann sie, wobei sie an einem unsichtbaren Fleckchen auf dem Sofa herumkratzte. „Zunächst ging Bonsai ihm aus dem Weg, aber dann begann er, Ed anzufauchen, wann immer er ihn erblickte. Inzwischen haßt er schon seinen bloßen Anblick." Jill blickte über ihre Schulter zu dem Kater und dann zurück zu mir. Sie war schrecklich nervös. Klienten sind oft zunächst sehr angespannt, vermutlich weil sie denken, ich würde sie gleich als schlechte Eltern entlarven. Aber Jills Nervosität schien anderer Natur zu sein.

„Reden Sie weiter," sagte ich, mittlerweile sehr neugierig. Sie fuhr fort: „Als wir anfingen, miteinander auszugehen, blieb Ed niemals über Nacht hier, weil er gegen Katzen allergisch ist. Am Anfang klappte es großartig, da sein Appartment nur einige Häuserblocks entfernt lag. Aber dann lief sein Mietvertrag aus, und er wollte ihn nicht erneuern, da wir bereits beschlossen hatten, zusammenzuleben." Sie rutschte weiterhin ständig auf dem Sofa hin und her. „Es hilft uns wirklich, Geld zu sparen. Wir haben vor, zu heiraten," lächelte sie und blickte dann wieder zu der Katze hinüber. Ihr Lächeln verschwand so schnell, wie es gekommen war. „Ed begann sogar, sich Injektionen gegen seine Allergie geben zu lassen, damit wir Bonsai behalten könnten. Aber ich weiß, daß Bonsai auf mich sauer ist, weil er mich jetzt teilen muß."

Ich blickte mich in dem überfüllten Raum um. „Versuchen Sie, die Situation mit seinen Augen zu sehen," sagte ich mit einer Geste in Richtung auf die Möbel. „Seine ganze Welt steht jetzt kopf."

Ich erklärte Jill, daß Katzen Gewohnheitstiere sind, und daß sie abrupte Veränderungen stark ängstigen. Bonsai mußte sich erst an Jills Abwesenheit von zu Hause gewöhnen, wenn sie über Nacht in Eds Appartment blieb, dann an das unwillkommene Auftauchen eines Fremden in seinem Zuhause. Zählen Sie noch all die zusätzlichen Möbel hinzu und Sie haben eine Katze, die nicht weiß, was vor sich geht. Bonsai hatte das Ende seiner Aufnahmefähigkeit erreicht.

„Hat Ed versucht, sich mit Bonsai anzufreunden?" fragte ich.

„Bonsai fauchte ihn schon an dem Tag an, an dem er einzog, und da Ed allergisch gegen Katzen ist, fühlt er sich in ihrer Gegenwart nicht richtig wohl," gab Jill zu.

„Also wurde Bonsai zum ersten Mal richtig mit Ed konfrontiert, als all seine Möbel hereingebracht wurden?"

Jill blickte auf ihre Hände. „Ja...," antwortete sie leise. „Aber da ist noch etwas anderes."

Ich legte meinen Stift hin und wartete. Sie warf einen schnellen, verstohlenen Blick auf Bonsai und starrte dann wieder auf ihre Hände. Ich sah wieder diese Nervosität aufflackern. „Jill," fragte ich sanft, „ist etwas zwischen Ed und Bonsai passiert?"

Bei dieser Frage begegneten sich unsere Blicke. Daß Klienten zögern, hat meist denselben Grund: Sie wollen nicht zugeben, daß sie ihre Katze physisch bestraft haben. Ich fragte mich, ob Ed Bonsai geschlagen hatte.

„Bonsai...," sie stoppte und bedeckte ihren Mund mit den Händen. „Es ist so peinlich." Sie wurde einen Moment lang schweigsam.

„Hat Ed Bonsai für irgendetwas bestraft?" fragte ich so behutsam wie ich konnte. „Ja, so in der Art."

Sie setzte schnell hinzu: „Aber er hat ihn nicht geschlagen oder etwas dergleichen getan."

„Was hat Bonsai getan, um Ed verrückt zu machen?" Jill gab ein kleines Gelächter von sich. „Es ist wirklich lustig, wenn man darüber nachdenkt. Obwohl Ed es bestimmt nicht für allzu amüsant hielt." Sie zappelte unbehaglich auf dem Sofa herum. „Sehen Sie, Bonsai attackierte Ed, als wir... ja, wir waren... ich war sicher, daß die Schlafzimmertür geschlossen war."

Mir wurde alles klar.

Jill nahm ihren Mut zusammmen, um die Worte hervorzustoßen. „Wir waren im Bett und schliefen miteinander." Endlich hatte sie es ausgesprochen. „Ich hörte Bonsai knurren, aber bevor ich Ed warnen konnte, war es zu spät. Er biß Ed ins Hinterteil und benutzte auch kräftig seine Krallen. Ed schrie, packte Bonsai und warf ihn aus dem Bett. Ich schrie, Ed natürlich ebenfalls. Armer Bonsai, er fauchte und rannte aus dem Zimmer, so schnell er konnte. Er versteckte sich für den Rest der Nacht unter dem Küchentisch." Sie beobachtete mich und wartete auf meine Reaktion.

In meinem mitfühlendsten Ton fragte ich: „Was passierte als nächstes?"

„Ich strich antibiotikahaltige Salbe auf Eds Wunden. Sie sahen ziemlich übel aus. Ich riet ihm, zum Arzt zu gehen, aber er flippte aus. Er wollte nicht wegen irgendeines blöden Katzenbisses zum Arzt gehen. Aber am Morgen war bereits sein ganzer Po geschwollen. Er konnte kaum laufen. Ich mußte ihn in die Notaufnahme bringen."

Ich blickte kurz zu Bonsai hinüber – er hatte sich nicht von dem Korbschaukelstuhl wegbewegt. Sein Ausdruck war völlig unschuldig, als er uns mit seinen großen blauen Augen beobachtete.

„Der Biß an Eds Po infizierte sich, und er mußte in dieser Nacht im Krankenhaus bleiben," sagte Jill. „Er war so wütend auf Bonsai. Ich hatte Angst, er würde ihn umbringen, wenn er nach Hause käme."

„Was passierte, als er nach Hause kam?"

Jill spielte nervös mit ihren Haaren herum. „Sie gingen sich völlig aus dem Weg. Das machen sie noch immer. Wenn Ed im Wohnzimmer ist, bleibt Bonsai in der Küche. Wenn Ed in die Küche geht, rennt Bonsai ins Schlafzimmer. Ich hasse es, so zu leben." Sie lehnte sich zu mir hinüber. „Können Sie uns helfen?"

„Es wäre sehr hilfreich, wenn Ed bei der Beratung dabei wäre. Wäre er dazu bereit?"

Anscheinend war Ed der ganze Vorfall so peinlich, daß er mich noch nicht einmal treffen wollte. Jill mußte die Beratung an diesem Nachmittag zu einer Zeit ansetzen, in der er nicht zu Hause war.

„Ich kann Ihnen am besten helfen, wenn Ed hier ist, so daß ich ihm erklären kann, was er tun sollte."

Jill schloß die Augen und schüttelte den Kopf. „Er wird sich nie dazu bereit erklären, das weiß ich."

„Wäre er denn bereit, eine Beratung über das Telefon mitzumachen?"

„Ich nehme es an. Vielleicht."

Wir verbrachten die nächsten fünfundvierzig Minuten damit, einige Übungen zur Verhaltensänderung durchzusprechen, die sie mit Bonsai machen sollte. Dann setzten wir eine telefonische Sitzung für später an diesem Abend fest.

Ob Sie es glauben oder nicht, die telefonische Beratung funktionierte sehr gut, auch wenn ich den starken Verdacht hatte, daß Ed versuchte, seine Stimme zu verstellen. Nach einem holprigen Start, bei dem er eine Weile lang grummelte, wie dumm er sich fühlte, kamen wir zu dem eigentlichen Punkt.

Grundsätzlich ging meine Empfehlung dahin, daß Ed die meisten der Katzenpflege-Pflichten übernehmen sollte: Bonsai füttern, die Katzenstreu wechseln und mit ihm mit dem interaktiven Spielzeug spielen – den Spielsachen, die einen sicheren Abstand zwischen Bonsais Zähnen und Eds Haut garantierten. Außerdem würden die interaktiven Spielsachen Bonsai dabei helfen, mit Ed gute Dinge zu verbinden. Auch Jill sollte aktiv an der Spielzeit teilnehmen. Bonsai sollte sehen, daß der Einzug von Ed die Aufmerksamkeit, die er von Jill gewohnt war, nicht beschneiden würde.

Jill und Ed kamen überein, daß ein Freund einige von Eds Möbeln lagern sollte, um das Leben im Appartment etwas angenehmer zu gestalten. Das würde Bonsai das Gefühl geben, als ob nur ein kleinerer Teil seines Territoriums verletzt würde. Ich schloß auch Anweisungen für den Umzug, der in drei Monaten anstand, mit ein. Bis dahin, so hoffte ich, würden Ed und Bonsai sich gut genug aneinander gewöhnt haben, um den Umzug an einen neuen Ort etwas weniger traumatisch werden zu lassen.

Am Ende der Beratung sagte ich beiden, daß sie mich bei

Fragen oder Problemen einfach anrufen sollten. Ich wollte, daß Ed an dem Prozeß zur Verhaltensänderung so aktiv wie möglich teilnahm.

„Sagen Sie, Pam," fragte Ed kurz bevor wir auflegten. „Nur aus Neugier, haben Sie je zuvor mit einer solchen Situation zu tun gehabt? Ich meine, daß eine Katze jemanden in den ..." Er zögerte. „Sie wissen schon..."

„Ja, ich hatte einen Klienten mit einem ähnlichen Problem."

Ed stieß einen großen Seufzer aus. „Sie meinen, noch jemand anders wurde von einer Katze in den Po gebissen?" Er lachte, offensichtlich war er glücklich, nicht der erste gewesen zu sein, dem diese Demütigung widerfahren war.

„Na ja, es war eigentlich nicht der *Po* des Mannes," begann ich, aber Ed unterbrach mich.

„Genug gesagt. Ich fühle mich jetzt viel besser."

Der Geruch

Die grau-schwarz-gestreifte Snuggles lebte in einem schönen Viertel in Memphis. Ihre in sie vernarrten Besitzer, das Rentnerpaar Peg und Frank Foxworth, hatten eine Katzentür eingebaut, so daß die zweijährige Snuggles ins Freie gehen und zurückkommen konnte, ganz wie es ihr gefiel. Schon im zarten Alter von fünf Monaten hatte sie sich als ziemlich gute Jägerin erwiesen. Oft flitzte sie durch die Katzentür mit einer Maus, einem Vogel oder einem anderen kleinen Tier zwischen den Zähnen. Bevor Peg sie stoppen konnte, verschwand Snuggles mit ihrer Eroberung irgendwo im Haus. Sekunden später tauchte sie dann ohne Beute wieder auf und spazierte zurück durch die Katzentür, um sich wieder auf die Jagd zu begeben. Das Erstaunliche daran war die Geschwindigkeit, mit der sie ihre Schätze verzehrte.

Natürlich suchten Peg und Frank jedes Mal sorgfältig das ganze Haus nach Snuggles Fängen ab, aber sie konnten nie auch nur eine Spur davon finden. Nicht einmal das Barthaar einer Maus oder die Feder eines Vogels tauchte jemals wieder auf. Den Foxworths blieb nichts übrig, als anzunehmen, daß Snuggles ihre gesamte Beute mit Haut und Haaren fraß.

Frank war überhaupt nicht glücklich darüber, daß seine Katze ständig Vögel fing. Er mochte die Vögel in seinem Garten und war entschlossen, Snuggles daran zu hindern, weitere zu fangen.

Peg, auf der anderen Seite, war eher besorgt über die Vorstellung, daß Snuggles ständig Nagetiere ins Haus schleppte. Peg wollte keine Mäuse in ihrem Haus, egal ob tot oder lebendig.

Franks erster Versuch, Snuggles Terrorherrschaft über die Wildtiere im Garten zu beenden, bestand darin, an ihrem Halsband ein Glöckchen zu befestigen. Das funktionierte ungefähr zwei Tage lang, dann schaffte Snuggles es irgendwie, dieses kleine Handicap zu überwinden, und schon bald schleppte sie wieder ihre übliche Zahl unglückseliger Opfer nach Hause.

Als nächstes wurden zwei Glöckchen an ihrem Halsband befestigt, aber sie blieb immer noch der Neid jeder Katze in der Nachbarschaft.

An ihrem Halsband wurden drei Glöckchen befestigt – keine Wirkung.

Dann wurden drei größere Glöckchen befestigt. Vier Glöckchen.

Schließlich verschloß Frank die Katzentür und begann, Snuggles drinnen zu halten. Sie durfte zwei- bis dreimal am Tag an einer Leine nach draußen, so daß ihre Besitzer sie im Auge behalten konnten. Es schien die einzige Lösung zu sein.

Snuggles schien es nichts auszumachen, eine Wohnungskatze zu sein. Sie spielte mit ihren Spielsachen, lag in der Sonne herum und leistete Peg Gesellschaft, während sie in der Küche arbeitete. Gerührt von Snuggles großen fragenden Augen, begann Peg damit, ihr kleine Häppchen von dem Essen zu geben, das sie gerade zubereitete – ein Stückchen Obst, eine Karottenscheibe, ein bißchen gekochtes Huhn oder eine Ecke Käse. Snuggles schnappte sofort nach den Happen, die Peg ihr hinhielt. Und in typischer Snuggles-Manier, genau wie sie es mit ihrer gefangenen Beute getan hatte, flitzte sie mit dem Futter im Maul in einen anderen Raum.

„Vielleicht hat sie Angst, daß wir es ihr wieder wegnehmen," sagte Peg eines Tages zu Frank. „Das muß der Grund dafür sein, daß sie immer davonrennt und dann erst ihre Beute verschlingt."

„Aber sie tut das nie mit ihrem Katzenfutter," wandte Frank ein, wobei er auf die halbvolle Schüssel deutete, die in der Ecke der Küche stand.

Peg zuckte die Schultern und vermutete, es könnte damit zu tun haben, daß Mäuse, Vögel und die Essenshappen eben etwas Besonderes wären, während das Katzenfutter die ganze Zeit dort stand. Was auch immer der Grund sein mochte, Peg und Frank akzeptierten glücklich diese kleine Demonstration von exzentrischem Verhalten. Immerhin wurden keine Tiere mehr durch ihr Haus transportiert. Wenn sich die Katze in einem anderen Raum verstecken wollte, um ein Stück Käse herunterzuschlingen, war das für die Foxworths völlig in Ordnung.

Für eine Weile ging das Leben für Frank, Peg und Snuggles glücklich weiter. Der Frühling ging ereignislos vorüber, und ein warmer, trockener Sommer hielt Einzug. Erst im Herbst begannen sich die Dinge zu ändern. Snuggles weigerte sich, ihr Katzenklo zu benutzen. Die sehr besorgte Peg brachte Snuggles zum Tierarzt. Sie erklärte ihm, daß die Katze seit genau einer Woche einfach nicht mehr ihre Kiste benutzte. Sie war immer sauber, die Streu wurde wöchentlich gewechselt und die Kiste stand immer noch an der gleichen Stelle, seit Snuggles noch ein Kätzchen war. Der Tierarzt untersuchte Snuggles und führte eine Stuhl- und eine Urin-Analyse durch. Aber es gab keine Hinweise auf eine Harnwegsinfektion. Danach führte der Tierarzt weitere Tests durch, aber das Endergebnis zeigte lediglich, daß Snuggles eine rundum gesunde Katze war.

Als Dr. Walter Peg empfahl, sie solle mich kontaktieren, machte sie ein böses Gesicht und sagte, sie hätte noch nie von so etwas Lächerlichem wie einem Katzenpsychologen gehört. Ihre Katze würde sicherlich keinen Psychiater brauchen. Und damit war das Thema erledigt.

Der Tierarzt gab ihr meine Visitenkarte und schlug ihr vor, sie möge sie behalten, nur für den Fall, daß sie ihre Meinung ändere.

„Seien Sie nicht dumm. Meine Katze hat keine psychischen Probleme," erklärte sie, als sie aus der Tür ging. Eine weitere Woche verging. Peg und Frank versuchten, das Problem selbst zu lösen, aber die Situation wurde immer schlimmer. Sie mußten ständig hinter Snuggles hinterherputzen. Außerdem war Peg nun sehr besorgt, weil Snuggles nicht mehr länger die glückliche, verspielte Katze von früher war. Jeder im Haus schien in einer hoffnungslos schlechten Stimmung zu sein.

Peg rief den Tierarzt an und teilte ihm mit, sie würde es eventuell in Erwägung ziehen, die „Katzendame" anzurufen. Drei Tage später fuhr ich zu dem Haus der Foxworth zu einer Beratung. Sie lebten in einer ruhigen, schattigen Straße in einem Häuschen wie aus einem Bilderbuch. Es gab einen kleinen Garten, der peinlich in Ordnung gehalten wurde, und von sorgfältig in Form geschnittenen Büschen umgeben war. Als ich auf die Türschwelle trat, begrüßten mich mehrere sanft klingende Windspiele. Die große Fußmatte mit dem Bild einer lächelnden Katze verhieß ein freundliches Willkommen.

Peg öffnete die Tür, und ich betrat ein behagliches Haus, gefüllt mit Charme, Wärme und einem schwachen Geruch nach Katzenurin. Sie stellte mich ihrem Ehemann vor, und wir setzten uns alle hin, um mit unserer Sitzung zu beginnen.

Peg gab einen Überblick über das Problem mit Snuggles und wie sie seit dem vergangenen Monat ihr Katzenklo abgelehnt hatte. „Es begann damit, daß sie hin und wieder ‚Mißgeschicke' hatte," erzählte Peg. „Seit dieser Zeit ist es immer schlimmer geworden."

Frank schüttelte den Kopf. „Es war Schnipp! Ganz einfach so," sagte er und schnippte mit den Fingern. „Aus heiterem Himmel heraus entschließt sie sich, ihr Katzenklo nicht mehr zu mögen. Werden Sie daraus schlau?"

Dann erzählte Peg, daß die Kiste immer saubergehalten wurde und sie sie zuverlässig jede Woche schrubbte.

„Das Komische daran ist, daß es ihr immer unten passiert," sagte Frank. „Sie hatte nie ein Mißgeschick im ersten Stock."

„Wo steht das Katzenklo?" fragte ich.

„Im oberen Badezimmer," antwortete Peg.

Ungefähr zu diesem Zeitpunkt flitzte das Subjekt unserer Diskussion, Snuggles höchstpersönlich, die Treppen herunter ins Wohnzimmer hinein. Sie war eine kleine, geschmeidig wirkende Katze mit Tabbymuster. Ausgehend von der Beschreibung ihres Freßverhaltens hatte ich eine große, vielleicht sogar übergewichtige Katze erwartet. Snuggles durchquerte den Raum und setzte sich neben Pegs Sessel.

„Haben Sie es je damit versucht, hier unten ein zweites Katzenklo aufzustellen?" fragte ich Peg.

„Nein, aber das machen wir, wenn Sie es für nötig halten."

„Ich denke, Sie sollten es mit einer zusätzlichen Kiste im

ersten Stock versuchen. Aber ich werde gleich ein wenig genauer darauf eingehen."

Ich fragte Peg nach Snuggles Persönlichkeit und ihren Gewohnheiten. Peg wiederholte die Geschichten von Snuggles früherem blitzschnellen, wenngleich geheimnisvollen Verschlingen der Beute und von ihrem derzeitigen Bedürfnis, ihre Happen zurückgezogen zu verzehren. Interessant, dachte ich bei mir. Diese Katze schien ein wenig nervös zu sein.

Nachdem ich all meine Fragen gestellt und Zeit mit Snuggles verbracht hatte, begann ich einen Rundgang durchs Haus. Der Rest des Erdgeschosses war dem Wohnzimmer sehr ähnlich – gemütlich, einladend und sehr ordentlich. Ich sah vor meinem geistigen Auge, wie wundervolle Mahlzeiten in der Küche zubereitet wurden und wie sie viele genußvolle Abende am Feuer im Kaminzimmer verbrachten, umgeben von Kindern und Enkelkindern. Aber als wir die Stufen zum ersten Stock hinaufgingen, nahmen meine Gefühle eine dramatische Wendung.

Rein äußerlich schien der erste Stock ebenso hübsch zu sein wie das Erdgeschoß. Aber das erste Zeichen, daß irgendetwas nicht stimmte, war der überwältigende Blumenduft. Er warf mich schier um, als ich die obersten Stufen erreichte. Es war ein süßlicher Duft, der fast Übelkeit erregte, beinahe erstickend. Ich sah mich um und erblickte überall automatische Lufterfrischer. Allein im Badezimmer standen drei – einer auf der Toilette und zwei auf der Ablage, nur Zentimeter voneinander entfernt. Aber das war noch nicht alles: In jeder Steckdose waren elektrische Einsteck-Erfrischer. Berge von Blüten-Potpourris lagen in riesigen Schüsseln überall herum. Zuerst vermutete ich, die Lufterfrischer sollten jeglichen Uringeruch maskieren, aber dann erinnerte ich mich an Franks Aussage, Snuggles wäre oben nie ein Mißgeschick passiert.

Während ich umherwanderte, fragte ich mich, ob diese Unmengen von Lufterfrischern bereits vor Snuggles Mißgeschikken vorhanden waren. Wenn ja, könnte hier die Ursache des Problems liegen. Kein Wunder, daß die Katze die Teppiche unten benutzte. Es war der einzige Platz, an dem sie ihren eigenen Geruch erkennen konnte.

Ich versuchte, irgendeinen Geruch nach Katzenurin zu erschnuppern, aber selbst meine gute Nase konnte es nicht mit dem Arsenal an Aromastoffen aufnehmen, das Peg ausgelegt hatte. Irgendetwas lag in der Luft, aber ich konnte es nicht genau ausmachen. Es war kein Urin, aber es war *irgendetwas*. Es roch nach etwas Verdorbenem. Nein, schlimmer als das. Es war etwas Unheimliches. Hinter dem erstickenden süßen Geruch roch es nach Verwesung.

Da mir mein Geruchssinn nicht dabei helfen konnte, irgendwelche Spuren von Urin zu entdecken, holte ich mein Schwarzlicht heraus, das Urinflecken auf Teppich und an Wänden fluoreszieren läßt. Ich überprüfte alles, wobei ich fürchtete, mich hinknien zu müssen – mein plötzliches wiederholtes Niesen verriet mir, daß der Teppich mit viel Puderdeodorant eingestäubt worden war.

Soweit hatte das Schwarzlicht im ersten Stock keine sichtbaren Urinflecken aufgespürt. Auch wenn mir die Foxworths erzählt hatten, daß Snuggles dort oben kein Mißgeschick passiert war, wollte ich lieber eine doppelte Kontrolle. Der einzige Raum, den ich nun noch inspizieren mußte, war das Gästezimmer.

Als ich mich diesem Zimmer näherte, wurde der dumpfe, süße Geruch immer intensiver. Er war fast unerträglich. Ich blickte mich zu den Foxworths um – ich war mir sicher, daß sie etwas sagen würden. Irgendetwas. „Können Sie das nicht riechen?" schrie es in meinem Kopf. „Bitte geben Sie mir eine rationelle Erklärung dafür, daß das Obergeschoß Ihres Hauses wie eine Kombination aus einer Leichenhalle und einem überfüllten Blumenladen riecht." Aber beide sahen mich bloß mit großen Augen an.

Ich muß zugeben, daß ich für einen kurzen Moment (okay, vielleicht auch für zwei oder drei) den beängstigenden Gedanken hatte, dieses reizende alte, grauhaarige Paar habe jemanden ermordet und versuche nun, den Geruch des verwesenden Körpers zu übertünchen. Etwas weit hergeholt, das ist mir nun klar, aber zu diesem Zeitpunkt beeinträchtigte der Mangel an frischer Luft meine grauen Zellen. Wie auch immer, wer beerdigt schon einen Körper im Schlafzimmer im Obergeschoß?

Wir standen im Gästezimmer – der Geruch ging ganz eindeutig von hier aus. Ich mußte herausfinden, was hier vor sich ging, also drehte ich mich zu Peg um.

„Ich sehe, Sie haben einige Lufterfrischer hier oben," sagte ich beiläufig, wobei ich versuchte, feinfühlig zu sein. „Im Badezimmer stehen drei direkt neben der Katzentoilette. Ich befürchte, Snuggles Problem mit der Kiste könnte mit dem parfümierten Geruch der Lufterfrischer zu tun haben. Es überwältigt sie wahrscheinlich. Sie muß in der Lage sein, ihren eigenen vertrauten Geruch wahrzunehmen." Ich nahm einen kleinen Atemzug (ein großer hätte mich wahrscheinlich umgebracht). „Hatten Sie schon immer all diese Lufterfrischer?"

„Nein, warum fragen Sie?" antwortete Peg unschuldig. „Wir versuchen, diesen Geruch loszuwerden."

Also, doch, der *Geruch!*

„Den Geruch nach Urin?" fragte ich, wußte aber sehr wohl, daß sie diesen Geruch nicht meinte. Wieder durchzuckte das Bild der reizenden alten Foxworths als Mörder mein sauerstoffentleertes Gehirn.

Frank schüttelte den Kopf. „Nein, diesen *schlechten* Geruch. Wir denken, daß er daher kommt, daß wir vor ein paar Monaten die Wände streichen ließen. Es stinkt wirklich."

Dieser Geruch hatte nichts mit dem Anstrich zu tun. Etwas oder jemand war hier drin gestorben. „In diesem Raum ist der Geruch viel schlimmer," sagte ich zu ihnen. „Wurde er als einziger gestrichen?"

„Nein," antwortete Peg. „Sie haben das gesamte Obergeschoß gestrichen, aber aus irgendeinem Grund stinkt es hierdrin schlimmer. Zuerst schien es gar nicht so schlimm, aber es wurde immer stärker, als die Farbe trocknete."

In diesem Moment blitzten die Dinge vor meinem geistigen Auge auf, die Peg mir vorher erzählt hatte: Snuggles, die mit einer Maus ins Haus rannte und verschwand, um sie zu fressen. Ich versuchte, die Teile des Puzzles zusammenzufügen. Peg und Frank hatten gesagt, daß sie über die Geschwindigkeit verwundert waren, mit der Snuggles ihre Beute verschlang, und daß niemals Spuren übrig blieben. Ich hatte die starke Ahnung, daß sich irgendwo in diesem Zimmer ein Versteck mit toten Mäusen befand, und mit wer weiß was noch. Nur, wie konnte ich Snuggles Besitzern taktvoll mitteilen, daß sie in dem hübschen blau-weißen Schlafzimmer mit den zarten Spitzengardinen vermutlich einen Haufen toter Tiere (oder zumindest Stücke von Tieren) beherbergten?

Ich entschloß mich, sehr direkt zu sein.

„Was?!" Peg war verständlicherweise schockiert. „Ich reinige diese Räume jede Woche sorgfältig. Glauben Sie, ich hätte einen Haufen toter Mäuse in der Ecke nicht bemerkt?"

Auch wenn ich mich bemühe, meine Klienten niemals zu beleidigen, so fürchtete ich, daß ich mich hier auf dünnem Eis bewegte. Aber ich wußte, daß ich recht hatte – ich brauchte nur noch den Beweis. Und dem Gestank in diesem Raum nach zu schließen, war ich sicher, daß dieser Beweis ganz nah lag.

Mit einem perfekten Timing spazierte Snuggles ins Zimmer. Sie betrachtete uns einen Moment lang argwöhnisch und tauchte dann unter dem Bett ab.

Während Peg darüber philosophierte, daß es nur die Farbe sein könne, die diesen schrecklichen Geruch verursachte, hörte ich Snuggles knurren. Ich sah zu Peg hinüber und legte den Finger auf die Lippen. „Pst," machte ich leise. „Hören Sie."

Wir hörten alle das Geräusch.

„Ist das Snuggles?" fragte Frank. „Warum knurrt sie so?"

Ich hatte den starken Verdacht, daß ich die Antwort darauf kannte. Aber bevor ich riskierte, meine Klienten wieder zu beleidigen, mußte ich etwas tun. Ich entschuldigte mich und ging hinunter ins Wohnzimmer, um eines meiner Katzenspielzeuge zu holen.

Zurück im Schlafzimmer setzte ich mich auf den Teppich – wobei ich mehrere Male nieste –, und ließ das Spielzeug in der Nähe der Tür baumeln.

„Was tun Sie da?" fragte Peg sehr ungeduldig.

„Mir ist daran gelegen, daß Snuggles einen Moment das Zimmer verläßt. Bitte haben Sie etwas Geduld."

Innerhalb von Sekunden linste Snuggles unter dem Bett hervor und stürzte sich auf das Spielzeug. Ich führte sie noch ein Stück hinaus in den Flur. Als wir den Türrahmen passiert hatten, langte ich in meine Tasche, fischte eine Fellmaus, die mit Katzenminze eingerieben war, heraus (gemeine Täuschung) und warf sie sanft in das Schlafzimmer. Snuggles rannte hinter ihr her.

Die Katze war nun im Schlafzimmer beschäftigt. Ich ging zu dem geruchsschwangeren Zimmer zurück, schloß die Tür und drehte mich zu Peg und Frank um. Sie sahen verwirrt aus.

„Bitte halten Sie noch einen kleinen Moment aus. Ich glaube, ich weiß, wo der Geruch herkommt."

Peg runzelte die Stirn. „Ich habe Ihnen doch schon gesagt..."

Frank unterbrach sie. „Bitte, Peg, laß sie ausreden."

„Vielen Dank," sagte ich sanft. Hoffentlich lag ich mit meiner Vermutung richtig. Ich hatte sie einmal beleidigt, ich wollte es nicht ein zweites Mal tun.

Ich beugte mich hinunter, hob die Tagesdecke an und guckte unter das Bett. Der Geruch warf mich beinahe um. Ich hielt den Atem an. Genau wie ich vermutet hatte: In die Baumwolle über den Federkernen war ein großes Loch gerissen worden. Ich stand wieder auf, nahm ein paar Atemzüge von der verdorbenen, parfümierten Luft und bat Frank darum, einen Blick unter das Bett zu werfen.

„Hat die verdammte Katze das getan?" fragte er, als er sich wieder aufrichtete.

„Was hat sie gemacht?" fragte Peg.

„Sie hat ein Loch in den Federkasten gerissen. Verdammte Katze."

„Haben Sie noch etwas anderes bemerkt?" fragte ich.

„Was meinen Sie?"

Ich deutete auf meine Nase. Frank beugte sich nochmals hinunter und inspizierte das Bett von unten.

„Oh, mein Gott, stinkt das hier drunter!" rief er aus.

Vielen Dank. „Ich denke, Snuggles hat ihre Beute immer im Bett gebunkert," sagte ich. „Das ist der Grund, warum sie uns angeknurrt hat. Wir müssen den Federkasten umdrehen und innen nachsehen. Aber können wir zunächst bitte das Fenster öffnen?"

Ohne zu zögern nahm Frank die Tagesdecke herunter und zog die Matratze auf die Seite. Zusammen faßten wir den Federkasten und drehten ihn um. Peg öffnete ein Fenster.

„Hol mir eine Taschenlampe," sagte Frank zu Peg, die mit einer Hand vor dem Mund neben dem Fenster stand. „Verdammt Peg, hol mir eine Taschenlampe."

Sie drehte sich schnell um und stürzte aus dem Zimmer hinaus. Kurz darauf war sie mit einer großen Taschenlampe zurück.

Ich sah Frank an. „Möchten Sie, daß ich nachsehe?"

Er zögerte und nahm seiner Frau die Taschenlampe aus der Hand. „Nein, ich mach das schon." Er spähte in das Loch hinein. „Oh, nein!" sagte Frank und bewegte sich plötzlich vom Bett weg.

Ich nahm die Taschenlampe, hielt den Atem an und sah in den Federkasten hinein. Es war übel – ganz übel. Snuggles hatte den Federkasten als Tierfriedhof benutzt; er war voll von verwesenden Mäusen, Vögeln, Backen- und Eichhörnchen. Außerdem hatte die Katze anscheinend jeden Leckerbissen, den Peg ihr jemals gegeben hatte, hier weggebunkert. Es fanden sich Stücke von schimmeligem Käse, verdorbenem Fleisch und viele andere undefinierbare Dinge.

„Was ist es?" fragte Peg bittend.

„Sieh nicht hin," warnte Frank. „Die Katze hat hier alle Tiere versteckt, die sie mit nach Hause gebracht hat."

„Alle? Da drin?" deutete sie. „Oh, mein Gott."

Frank und ich trugen den Federkasten die Treppe hinunter und nach draußen in den Hinterhof. Er kam ins Haus zurück und hängte sich sofort ans Telefon, um jemanden zu beauftragen, das schreckliche Teil abzuholen.

Peg machte Eistee für uns alle, den wir auf der vorderen Veranda an der dringend benötigten frischen Luft tranken. Die Lufterfrischer, mit denen sie den Gestank überdecken wollten, so erklärte ich, hatten Snuggles vertrauten Geruch völlig verdrängt. Peg erklärte sich bereit, alle Lufterfrischer zu entfernen, oben gründlich zu putzen und die Räume ordentlich durchzulüften. Wenn das erst einmal erledigt wäre, sollten sie Spielstunden mit Snuggles durchführen. Das würde ihr dabei helfen, sich oben wieder wohl und glücklich zu fühlen.

Wir unterhielten uns auch darüber, daß sie unten im Badezimmer ein zusätzliches Katzenklo aufstellen sollten. Da im Erdgeschoß noch immer eine Spur von Uringeruch hing, schlug ich den Foxworths vor, den Teppichboden professionell reinigen zu lassen. Ich empfahl ihnen, immer ein Mittel zum Neutralisieren von Gerüchen auf Vorrat zu halten, für mögliche künftige Mißgeschicke. Sie mußten den Uringeruch vollständig neutralisieren, so daß Snuggles ihn nicht mehr roch. Nur dann würde sie diese Bereiche nicht mehr als Katzenklo benutzen.

Sie sollten an den Plätzen mit Snuggles spielen, die sie zum Urinieren benutzt hatte. Auf diese Weise würden sie sich in Snuggles Vorstellung von Urin- in Nestplätze verwandeln. Peg könnte auch einige Futterschüsseln an diesen Stellen hinstellen. Ihr Nest, wo sie schlafen, fressen und spielen, benutzen Katzen niemals als Klo. In der Natur entleeren sie sich weit entfernt vom Nest, um keine Jäger anzuziehen. Ich wollte, daß Snuggles ihr Heim wieder als ihr Nest betrachtete.

Wir gingen einige speziellere Übungen zur Verhaltensänderung durch. Dann erklärte ich ihnen, wie sie es vermeiden konnten, daß Snuggles einen weiteren Federkasten in einen Verrottungsschrein für Jagdtrophäen verwandelte. Peg und Frank ließen Snuggles nicht mehr aus dem Haus, was ihre Beutezüge draußen beendete, aber auch die Gabe von Leckerbissen mußte aufhören. Normalerweise begegne ich solchem Futterhorten eher in Haushalten mit mehreren Tieren. Aber es gibt auch einige Einzelgänger-Katzen, die das starke Verlangen haben, ihre Schätze in einem kleinen Versteck aufzubewahren. Ich hatte es aber noch niemals in diesem Ausmaß gesehen.

Ich erklärte, daß Essensreste nicht zu einer normalen Katzenernährung gehören – selbst wenn Snuggles ihre Leckereien nicht hortete. Snuggles wäre viel besser dran, wenn sie bei ihrem normalen Katzenfutter bliebe. Peg war einverstanden.

Zur Sicherheit empfahl ich ihnen schließlich, den Boden ihrer Federkästen mit Spannbettüchern abzudecken.

Als die Sitzung endete, dankte mir Peg. Sie entschuldigte sich, um nach oben zu gehen und mit der Reinigung zu beginnen. „Es ist merkwürdig, daß wir uns an diesen Geruch gewöhnen konnten," wunderte sie sich beim Abschied.

Frank brachte mich nach draußen zu meinem Auto. Als wir in der Auffahrt standen und uns verabschiedeten, erhaschte ich einen Blick auf den Federkasten, der im Hinterhof lag. Bei dem Gedanken an die Gäste, die in diesem Bett geschlafen hatten, über all diesen toten Tieren, drehte sich mir der Magen um.

Plötzlich überkam mich die Erinnerung an den ekelhaften süßen Geruch. Schnell wünschte ich den Foxworths viel Glück, stieg ins Auto und fuhr mit weitgeöffneten Fenstern nach Hause.

Die Katze, die Sonntage haßte

Carolyn Tinnerly rief mich wegen eines bemerkenswerten Aggressionsproblems an: Es trat nur einmal pro Woche auf – immer nach Stundenplan. Ihr dreijähriger cremefarbener Perserkater Mambo King hatte sie an einem Sonntag wiederholt angegriffen und ihr seitdem jeden Sonntag aus dem Hinterhalt aufgelauert. Nach dem sechsten sonntäglichen Angriff rief mich Carolyn an.

„Er hat jeden Sonntag eine schreckliche Laune," sagte sie. „An allen anderen Tagen ist er ein wunderbar lieber und anhänglicher Kater, aber sonntags verwandelt er sich in einen wilden Tiger. Ich versteh's einfach nicht."

Die Angriffe hatten Carolyn Bisse, Kratzer und zerrissene Kleidung beschert. An den letzten Sonntagen hatte sie ihr Bestes getan, um Mambo King aus dem Weg zu gehen. Sie schloß die Tür des Zimmers, in dem sie sich gerade befand und prüfte, ob die Luft rein war, ehe sie von einem Zimmer ins andere ging.

„Ich kann sonntags nur noch Gäste einladen, wenn ich weiß, in welchem Zimmer er sich befindet. Dann schließe ich ihn dort ein," sagte Carolyn traurig.

Wir verabredeten ein Treffen für den folgenden Sonntag.

Carolyn Tinnerlys Haus war sehr groß, und der umgebende Besitz war landschaftlich wunderschön gestaltet. Nachdem ich in der Auffahrt geparkt hatte, blieb ich eine Minute im Auto sitzen. Ich dachte über die mühselige Arbeit nach, die dazu nötig gewesen war, ein derart bezauberndes Anwesen zu schaffen.

Da hörte ich meinen Namen und sah hinüber zur Seitenfront des Hauses. Carolyn stand in der Hintertür und winkte mich hinein.

„Kommen Sie durch die Küchentür," sagte sie, als ich aus dem Auto ausstieg. „Das ist sicherer. Mambo verbringt sonntags die meiste Zeit im Wohnzimmer."

Sie führte mich in die Küche, wo ich meine Sachen ablegte. Als ich meine Jacke auszog, hörte ich den entfernten, aber mir nur allzu gut bekannten Laut, wie eine Katze in einem anderen Zimmer knurrte. Carolyn hörte es ebenfalls und schüttelte den Kopf.

„Das ist er," bestätigte sie mit einem matten Lächeln.

Wie aufs Stichwort erschien der Kater im Türrahmen. Er begrüßte mich mit einem langen, lauten Knurren. Sein Körper wirkte verkrampft und angespannt, jeden Moment zum Sprung bereit. Ich wurde mit dreimaligem Fauchen bedacht, dann machte er sich plötzlich davon und flitzte zurück in den vorderen Teil des Hauses.

Carolyn stieß einen tiefen Seufzer aus. Ich glaube, sie hatte während Mambo Kings Erscheinen die ganze Zeit den Atem angehalten. Ich muß zugeben, daß auch ich einen kleinen Seufzer der Erleichterung von mir gab.

„Er benimmt sich jeden Sonntag so," erzählte sie, als wir am Küchentisch saßen. „Den Rest der Woche ist er der liebenswerte Kater, wie ich ihn immer gekannt habe."

Ich nahm mein Notizbuch heraus und begann, sie zu befragen.

Ein Tierarztbesuch hatte erst vor kurzem gezeigt, daß Mambo King sich bester Gesundheit erfreute. Er hatte nie ein Problem mit dem Katzenklo gehabt, liebte Menschen und war anhänglich. Nachts schlief er im Bett seiner Besitzerin und tagsüber hatte er das ganze Haus zur Verfügung – zumindest an sechs Tagen der Woche. Aber wenn es Sonntag wurde, zog Mambo King es vor, sich im vorderen Teil des Hauses aufzuhalten, der aus dem Wohnzimmer, dem Eßzimmer und dem Büro bestand. Den größten Teil des Tages verbrachte er mit Fauchen und Knurren. Aber das Traurigste an der Sache waren seine Angriffe auf Carolyn.

„Das war der letzte," sagte sie, und sie hob den Aufschlag ihrer Hose an, um mir einige tiefe Kratzer zu zeigen. „Diesmal mußte ich Antibiotika nehmen." Sie glättete ihren Aufschlag und lehnte sich im Stuhl zurück. Ihre Augen füllten sich mit Tränen. „Ich liebe ihn," sagte sie. „Ich möchte ihn nicht einschläfern lassen."

Ich legte den Stift hin. „Lassen Sie uns sehen, ob wir nicht zunächst einige Antworten finden können," schlug ich vor.

Carolyn ging ihre tägliche Routine durch, aber sie konnte sich an keine Veränderungen erinnern, die diese Angriffe hätten auslösen können. Sie lebte, seit sie Mambo zu sich genommen hatte, immer noch im selben Haus. In der letzten Zeit hatte es keine neuen Möbel gegeben, keinen Berufswechsel, noch nicht einmal Besuch von irgendwelchen unangenehmen Gästen. „Mambo liebt Gesellschaft," fügte sie hinzu. „Sogar wenn das ganze Haus voller Leute wäre, hätte er nichts dagegen." Sie sah traurig zum Wohnzimmer hinüber. „Außer an Sonntagen."

Während wir am Küchentisch saßen, ließ ich mir Carolyns Alltag möglichst genau schildern. Die wenigen Sonntagsrituale hätten Mambos ganzes Leben lang stattgefunden, ohne jegliche frühere Probleme, sagte sie.

Mein erster Gedanke, warum Mambo einmal pro Woche aggressiv wurde, galt dem Erscheinen einer draußen lebenden Katze. Eine Katze, die – aus welchen Gründen auch immer – einmal die Woche vorbeikam.

Bei der Erwähnung einer anderen Katze schüttelte Carolyn den Kopf. „Es gibt eine verwahrloste weiße Katze, die vorbeikommt, um mein Vogelhäuschen zu inspizieren," sagte sie. „Aber sie kommt auch an anderen Tagen, nicht nur sonntags."

Laut Carolyn hatte Mambo auf die weiße Katze immer negativ reagiert – ein Fauchen am Fenster oder ein gelegentliches Knurren. Aber diese Episoden waren nie auf rückgerichtete Aggressionen gegen seine Besitzerin hinausgelaufen – außer an Sonntagen.

Ich begann meinen Rundgang durchs Haus und überprüfte, welche von den Fenstern einen Ausblick auf das Vogelhäuschen boten. Mein Plan bestand darin, Mambos Ausblick aus diesen Fenstern teilweise zu blockieren, so daß er die weiße Katze nicht mehr sehen würde.

„Aber bevor ich die Fenster blockiere," sagte ich, „möchte ich sie mir zunächst zusammen mit Mambo ansehen."

Mambo King wartete in einer Ecke des Wohnzimmers auf uns; er hatte sich in der Nähe der vom Boden bis zur Decke reichenden Fenster postiert. Ich bemerkte, daß sein Gesichtsausdruck und seine Körpersprache alle Zeichen einer extrem angespannten Katze aufwiesen. Er hielt den Kopf gesenkt und hatte die Ohren angelegt. Aus seiner geduckten Stellung heraus gab er ein tiefes Knurren von sich, das hin und wieder von einem Fauchen begleitet wurde.

„Wenn Sie Angst haben, können Sie in der Küche auf mich warten," sagte ich zu Carolyn, während ich Mambo im Auge behielt.

Carolyn langte über den Kaffeetisch und griff nach einer Spritzflasche. „Ich benutze sie immer, wenn er in meine Nähe kommt," erklärte sie. „Ich habe eine in jedem Zimmer." Sie stellte die Flasche zurück auf den Tisch und verließ das Zimmer.

Es betrübte mich, daß es in der Beziehung zwischen Kater und Besitzerin soweit gekommen war, aber natürlich konnte ich ihre Sorge um ihre Sicherheit verstehen.

Mambo beobachtete mich vorsichtig. Ich blieb eine Weile an der gleichen Stelle stehen und ließ mich dann langsam auf den Boden nieder, um eine bequemere Haltung für unsere Sitzung einzunehmen. Innerhalb weniger Minuten schien es, als käme Mambo zu dem Schluß, daß ich keine direkte Bedrohung darstellte, und er kam zu mir in die Mitte des Wohnzimmers spaziert. Er schien etwas weniger nervös, als er sich mir näherte. Als er jedoch an dem großen Frontfenster mit dem sonnigen Fensterplatz und der stattlichen Reihe Pflanzen vorbeikam, blieb er abrupt stehen. Sein Kopf schoß zur Seite, er fauchte in Richtung des Fensters und umkreiste die Topfpflanzen. Während er seinem Gefühlsausbruch noch ein Knurren hinzufügte, warf er einen extrem feindlichen Blick in meine Richtung. Ich blieb bewegungslos.

Mambo begann, vor dem Fenster auf und ab zu laufen, wobei er bei jeder Runde wütender wurde. Ohne irgendeinen

Teil meines Körpers außer meinen Augen zu bewegen, versuchte ich zu erkennen, ob wirklich eine Katze dort draußen war. Mambos Aufregung nahm zu. Plötzlich stürzte er hinter der größten Pflanze hervor – direkt auf mich zu. Ich hatte gerade genug Zeit, mich zur Seite zu rollen, um seiner Attacke auszuweichen. Glücklicherweise entschied er sich dann dafür, sich davonzumachen und verschwand im Flur. Ich ging sofort zum Fenster. Kein Hinweis auf irgendeine Katze.

Als ich mich dem Fenster näherte, spürte ich einen unverkennbaren Hauch von Katzenurin. Wenn Sie diese Arbeit so lange machen wie ich, dann entwickeln Sie bestimmte Stärken. Eine meiner gutentwickelten Fähigkeiten ist meine Nase.

Für den unbefangenen Betrachter ist es eine ganz normal aussehende Nase, aber lassen Sie sich dadurch nicht in die Irre führen. Meine Nase kann sogar eine winzige Menge Katzenurin aufspüren. Es passiert mir täglich, daß ich an ungewöhnlichen Stellen auf Katzenurin stoße.

Zuerst dachte ich, der Geruch müsse vom Teppich ausgehen, aber als ich mich hinkniete, schien der Geruch auf die Pflanzen beschränkt zu sein. Ich berührte die Erde in einem der Töpfe: Sie war naß. Ich schnüffelte noch einmal und – ganz sicher – da war er wieder, der schwache Geruch nach Urin. Mambo markierte die Pflanzen. Ich ging zurück zur Küche, um mit Carolyn zu sprechen.

„Ich habe ihn nie markieren sehen," sagte sie überrascht.

„Aber ich rieche den Urin," erklärte ich.

Wir gingen zurück ins Wohnzimmer, damit ich eine nähere Untersuchung vornehmen konnte. Der Uringeruch kam eindeutig aus der Erde, die die eingetopften Pflanzen umgab. Als ich näher hinsah, bemerkte ich, daß die Erde in den Töpfen keine normale Pflanzenerde war. Sie sah mehr nach einfacher Gartenerde aus und fühlte sich auch so an.

„Haben Sie abgepackte Blumenerde für diese Pflanzen gekauft?" fragte ich, war mir aber sicher, die Antwort bereits zu kennen.

„Nein, ich habe Erde aus meinem Garten benutzt," antwortete sie. „Warum?"

Vielleicht hatte Mambo die Pflanzen gar nicht selbst markiert. „Ich denke, die Erde ist möglicherweise mit dem Urin einer anderen Katze kontaminiert," erwiderte ich, wobei ich beobachtete, wie Carolyn angewidert die Nase kraus zog. „Wahrscheinlich von der Katze, die sich so oft hier draußen herumtreibt."

„Sie markiert den Redwood Stuhl auf der vorderen Veranda," setzte Carolyn hinzu.

„Ich wette, Sie wässern Ihre Pflanzen jeden Sonntag. Richtig?"

„Ja, warum?"

Das Puzzle fügte sich zusammen.

„Da haben Sie den Grund für die wöchentliche Aggression," erklärte ich. „Jedes Mal wenn Sie wässern, wird der Uringeruch reaktiviert. Mambo riecht den Geruch des Eindringlings, und das weckt seine territorialen Instinkte."

So hatten wir nun ein weiteres Katzengeheimnis gelüftet, und ich half Carolyn, die Pflanzen aus dem Haus zu tragen. Wir stellten sie in die Garage, wo sie sie in Ruhe umtopfen konnte, ohne Mambo in Aufregung zu versetzen.

Zurück im Haus, entwarf ich einen spezifischen Plan zur Verhaltensänderung. Er sollte Carolyn dabei helfen, ihre enge Beziehung zu Mambo wiederherzustellen. Zum Plan gehörte auch das Spiel mit interaktivem Spielzeug, und zwar an der Stelle, wo die Pflanzen gestanden hatten. Ich wollte, daß Mambo sich dort wieder sicher fühlte und anfing, mit diesem Teil des Hauses gute Dinge zu assoziieren.

Für den Fall, daß Mambo sich wieder aufregte, nachdem er die Katze draußen gesehen hatte, wies ich Carolyn an, seinen Blick in den Garten durch Karton an der unteren Hälfte der Fenster zu versperren.

Eine ganz wichtige Aufgabe für Carolyn bestand darin, herauszufinden, wem die frei herumlaufende Katze gehörte. Wenn sie nicht in der Lage sein sollte, den Besitzer ausfindig zu machen, mußte sie das örtliche Tierheim verständigen.

Da die weiße Katze Carolyns Garten als Katzenklo benutzte, riet ich ihr dringend, bei der Gartenarbeit Handschuhe zu tragen, um einer möglichen Toxoplasmose vorzubeugen, einer Krankheit, die durch kontaminierte Erde auf den Menschen übertragen werden kann. Auch sollte sie darauf achten, daß kein Uringeruch an ihren Schuhen oder Hosen haften blieb; ich schlug ihr vor, die Sachen sofort nach der Gartenarbeit zu wechseln.

Nach dem Umtopfen sollte sie die Pflanzen zunächst an ein anderes Fenster stellen. Das würde dabei helfen, die negative Assoziation zu unterbinden.

Zwei Tage nach meinem Hausbesuch rief Carolyn mich an. Sie erzählte mir, daß die weiße Katze wieder aufgetaucht wäre. Sie hatte die Katze ins Tierheim gebracht und eine Anzeige in die Zeitung gesetzt. Carolyn bezahlte ihren FELV-Test und stiftete Geld für Impfungen und Kastration. Sie war eine hübsche Katze, und die Leute vom Tierheim waren zuversichtlich, daß jemand sie zu sich nehmen würde, wenn keiner Anspruch auf sie erhob.

Am darauffolgenden Sonntagabend rief mich Carolyn wieder an. Sie teilte mir mit, daß Mambo King diesmal überhaupt nicht aggressiv gewesen wäre. Er hatte seine liebenswerte Natur vollständig zurückgewonnen. Die umgetopften Pflanzen standen in einem anderen Teil des Hauses, ohne jegliche negative Reaktion seitens des Katers.

Carolyn konnte nun auch die Spritzflaschen entfernen, die überall im Haus herumgestanden hatten. Sie habe sie alle in den Müll geworfen, sagte sie, da sie eine schlimme Erinnerung für sie und Mambo darstellten. Die beiden konnten nun wieder ihr altes sonntägliches Ritual genießen – ausschlafen, zeitunglesend auf dem Teppich im Eßzimmer herumliegen und Freunde zu Besuch haben.

Bei einem Anruf im Tierheim erfuhr ich, daß die streunende Katze kastriert und adoptiert worden war. Drei Monate später erhielt ich einen Anruf von ihren neuen Besitzern, die mich um Hilfe bei einem Markierungsproblem baten. Ich machte einen Hausbesuch, und sie verhält sich jetzt schon viel besser; während ich dies schrieb, gab es keine Markierungsvorfälle mehr.

Carolyn und Mambo King geht es auch gut, aber Carolyn

wässert ihre Pflanzen nun nicht mehr sonntags. Mittwoch ist der neue Tag.

„Nur um ganz sicher zu gehen," sagt sie.

Cassies Geschenk

Ich begegnete Cassie zum ersten Mal vor vier Jahren unter sehr betrüblichen Umständen: Ihre Besitzer riefen mich an und baten mich, ihnen wegen ihrer melancholischen Katze zu helfen. Cassies Gefährte Ginger, eine siebzehn Jahre alte Siamkatze, war einige Wochen zuvor gestorben. Marie Donaldson sagte, daß Cassie tief deprimiert zurückblieb; sie fraß kaum und verbrachte die meiste Zeit damit, auf Gingers Lieblingsstuhl zu schlafen. Die Donaldsons waren immer noch mit ihrem eigenen Kummer beschäftigt. Sie hofften, daß Cassie sich schließlich an ein Leben ohne Ginger gewöhnen würde, aber ihre Verzweiflung schien immer größer zu werden.

Als ich meinen ersten Hausbesuch bei den Donaldsons machte, blutete mein Herz für alle drei. Sie durchlebten eine extrem schwierige Zeit, als sie mit dem Verlust von Ginger fertig werden mußten.

Bei dieser ersten Sitzung begriff ich, wie eng diese Familie miteinander verbunden war. Marie und Paul Donaldson hatten unglaublich an ihren Katzen gehangen, und im Gegenzug hatten die beiden Katzen ihnen reichlich Liebe zurückgegeben. Im ganzen Haus gab es Kletterbäume und Spielzeug. Auf den Fensterbänken wuchs Katzenminze, und in fast jedem Zimmer konnte man Pauls selbstgefertigte Kratzbäume bewundern.

Cassie war unerwartet in ihr Leben getreten. Paul hatte das winzige Kätzchen verlassen in einem Parkhaus in der Nähe seines Büros gefunden. Mager, dreckig und krank saß es in der Mitte eines leeren Parkplatzes. Ihm war gerade genug Energie geblieben, um mit einem schwachen Miau nach Paul zu rufen. Paul brachte das schwache Kätzchen in seiner Jackentasche nach Hause. Noch am selben Abend ging Marie mit dem Kätzchen zum Tierarzt, der eine Infektion der Atemwege diagnostizierte.

In den folgenden vierzehn Tagen pflegten sie das kleine cremefarbene Kätzchen im oberen Gästezimmer gesund. Bei dem Kontrollbesuch beim Tierarzt wurde es für gesund erklärt und bekam die erste Impfung.

Als die winzige Cassie auf Ginger, die Katze der Donaldsons, traf, war es Liebe auf den ersten Blick. Cassie folgte Ginger überall hin. Wenn Ginger zum Katzenklo ging, war Cassie direkt hinter ihr. Saß Ginger am Fenster, um Vögel zu beobachten, war ihr kleiner Katzenschatten an ihrer Seite. Ginger ihrerseits schien zu wissen, wie dringend Cassie eine Mutter brauchte, und so tat sie ihr Bestes, um diese Rolle auszufüllen. Sie pflegte ihre kleine Gefährtin, teilte ihre Spielzeuge mit ihr und ließ es zu, daß Cassie sich zur Schlafenszeit direkt neben ihr zusammenrollte. Die beiden wurden unzertrennlich.

Während ich dasaß und zuhörte, wie Marie und Paul das Leben mit ihren Katzen beschrieben, beobachtete ich Cassie, die in der Ecke saß. Jedes Mal wenn die tränenüberströmte Marie einen der beiden Katzennamen erwähnte, sah Cassie – die an diese Stimmlage nicht gewöhnt war – unsicher aus, ob sie zu Marie herüberkommen oder wegbleiben sollte. Schließlich schlenderte sie zögernd zu Marie hinüber. Marie umklammerte sie so fest, daß Cassie sehr bald strampelte, um frei zu kommen.

„Cassie, ich brauche dich," bettelte Marie, als die Katze in die Sicherheit ihrer Ecke zurückschoß.

Ich spürte den Schmerz, den alle durchlebten, aber ich mußte Marie erklären, daß ihr Festklammern an Cassie, zusammen mit der Verzweiflung in ihrer Stimme, in der Katze Furcht und Verwirrung auslösten. In Cassies Vorstellung war nicht nur ihre geliebte Freundin verschwunden, sondern plötzlich benahmen sich auch ihre vertrauten Besitzer ihr gegenüber ganz anders. Alles, an das sie gewöhnt war, hatte sich geändert.

„Cassie trauert um den Verlust von Ginger. Aber am meisten wird es sie trösten, wenn ihr vertrauter Alltag unverändert weitergeht," erklärte ich. „Sie braucht die gesamte Spielzeit, an die sie gewöhnt ist. Und sie braucht ihre Besitzer so, wie sie sie kennt." Ich stand von meinem Stuhl auf und setzte mich neben Marie auf das Sofa. „Auch wenn Sie jetzt Trauer empfinden, versuchen Sie bitte Cassie zuliebe für sie alles so normal wie möglich zu halten. Katzen sind wie Schwämme: sie nehmen auf, was immer wir fühlen."

Ich schlug Techniken zur Verhaltensänderung vor, um allen dreien in dieser schwierigen Anpassungsphase zu helfen. Ich versorgte sie auch mit der Nummer eines Sorgentelefons, speziell für Menschen, die mit dem Tod eines Haustieres fertig werden müssen. „Die Leute, die bei diesem Sorgentelefon arbeiten, wissen, was für ein wichtiges Familienmitglied ein Haustier ist," sagte ich ihnen, „und wie tief die Trauer ist, wenn das Tier stirbt."

Während der nächsten paar Wochen hielt ich engen Kontakt zu den Donaldsons und besuchte sie ein paar Mal zu Hause. Ihre Beziehung zu Cassie normalisierte sich und das Leben ging langsam wieder seinen normalen Weg. Ich blieb die nächsten Jahre über mit ihnen in regelmäßigem telefonischen Kontakt.

Vor zwei Jahren wurde Cassie dann ins Krankenhaus gebracht. Marie hatte bemerkt, daß sie beträchtlich an Gewicht verloren hatte. Der Tierarzt diagnostizierte Nierenversagen. Im Alter von sechzehn Jahren begannen Cassies Nieren, die Arbeit einzustellen. Zum Glück war die Krankheit nach Meinung des Tierarztes noch in einem sehr frühen Stadium, und es gab Wege, um Cassie zu helfen.

Cassie blieb ein paar Tage im Krankenhaus. Als Marie kam, um sie abzuholen, bekam sie ein Diätfutter. Man erklärte ihr, daß Cassie für den Rest ihres Leben nur noch dieses Futter fressen durfte. Nach ein paar zusätzlichen Anweisungen nahm Marie ihre Katze mit nach Hause.

Ein paar Tage später schien Cassie wieder ganz die alte zu sein. Die Donaldsons gaben ihr weiterhin das Diätfutter und brachten sie regelmäßig zur Kontrolle zum Tierarzt. Cassies Zustand schien relativ stabil, bis er sich vor etwa sechs Monaten dramatisch verschlechterte. Sie hatte kaum noch Appetit. Eines Tages verweigerte sie schließlich jegliches Futter und Wasser und wollte sich auch nicht mehr von ihrem Lieblingssessel rühren. Marie und Paul brachten sie an diesem Abend ins Tierkrankenhaus, wo sie an den Tropf gehängt wurde. Der Tierarzt wußte, daß die vergangenen Wochen für alle Beteiligten schwierig gewesen waren. Marie konnte Cassie nur noch aus der Hand füttern. Damit die Katze genügend Flüssigkeit zu sich nahm, führte sie ihr eine mit Wasser gefüllte Spritze in der Ecke ihres Mäulchens ein. Nun aber verweigerte Cassie selbst das Futter aus der Hand und wollte auch nicht mehr die kleinste Menge Wasser schlucken.

Nach fünf Tagen im Krankenhaus verbesserte sich Cassies Zustand, und sie konnte nach Hause gehen.

In den nächsten Monaten hatte sie ihre Höhen und Tiefen, bis schließlich offensichtlich war, daß ihr Kampf sie zuviel Kraft kostete. Marie und Paul redeten mit dem Tierarzt, und sie beschlossen, Cassie unnötiges Leid zu ersparen. Traurig setzten sie einen Termin für den nächsten Morgen fest, an dem Cassie eingeschläfert werden sollte.

Für die Donaldsons war es unglaublich schwierig, diesen Abend durchzustehen. Sie blieben an Cassies Seite und versuchten, es ihr so angenehm wie möglich zu machen. Cassie war ruhelos und blickte die ganze Zeit aus dem Fenster. Auf einmal miaute sie laut und kratzte am Glas. Paul blickte hinaus in die Dunkelheit, konnte aber nichts erkennen. Marie befürchtete, daß Cassie auf ihre Gefühle, sie einschläfern zu lassen, reagierte.

Cassie ließ sich den ganzen Abend über nicht beruhigen. Obwohl sie so schwach war, kratzte sie weiterhin am Fenster. Marie schloß die Vorhänge, aber Cassie wollte immer noch keine Ruhe geben.

„Geh bitte nachschauen, ob da draußen etwas ist," bat die verzweifelte Marie ihren Mann.

Paul zog seinen Mantel an, nahm eine Taschenlampe aus der Küchenschublade und machte sich auf den Weg in die frostige Dunkelheit. Als er im Hof umherging, fiel der Schein seiner Taschenlampe auf etwas Undefinierbares. Er näherte sich behutsam. Schließlich mußte er sich hinknien, um etwas zu sehen: Dort lag, in einem Haufen Blätter unter einem Busch, eindeutig eine Katze. Da sie bewegungslos auf der Seite lag, hielt Paul sie zunächst für tot. Dann hörte er ein schmerzvoll klingendes Miau, und die Katze kämpfte, um aufzustehen. Erst jetzt sah Paul, daß sie nicht alleine war. Unter ihr lagen drei winzige Kätzchen. Paul zog sich leise ein paar Meter zurück, um die Katze nicht zu verängstigen, dann rannte er hinein zu Marie.

Sie riefen mich hinzu. Paul führte mich in den Hinterhof, um die Mutterkatze zu begutachten. Sie sah erschreckend dünn und schwach aus. Wir bemerkten, wie sie versuchte, ihre Kätzchen vor der Kälte zu schützen, waren aber sicher, daß sie sterben würden, wenn wir sie nicht ganz schnell nach drinnen brachten.

Ich ging zum Haus zurück und holte den Transportbehälter, den ich mitgebracht hatte. (Ich reise nie ohne Katzenkorb. Ich gehe vielleicht vor die Tür, ohne mir die Haare zu kämmen oder die Tür abzuschließen, aber ich vergesse nie den Katzenkorb.) Ich bat Marie um etwas Dosenfutter und erwärmte einen kleinen Teller voll in der Mikrowelle, um das Aroma verlockender zu machen.

„Ich werde versuchen, die Katze zum Fressen herüberzulocken," sagte ich zu Paul und Marie. „Sie beide bleiben außer Sicht. Wenn ich sie in den Katzenkorb verfrachte, holen Sie die Kätzchen." Ich zog meine Handschuhe an, nur für den Fall, daß die Katze Schwierigkeiten machen würde; sie sah allerdings so schwach aus, daß sie wohl keine große Bedrohung darstellte.

Draußen näherte ich mich langsam dem Muttertier und stellte das Katzenfutter neben mich ins Gras. Ich beobachtete, wie sie ihre Nase in den Wind hielt, als sie das Aroma erschnupperte. Sie miaute interessiert. Ich nahm das Futter hoch, kam ein bißchen näher und setzte es wieder ab. Ich kniete mich hin und begann, zu ihr zu sprechen. Sie blickte auf das Futter und stand sehr mühsam auf. Ihre Kätzchen miauten und rutschten unbehaglich hin und her, als sie sich von ihnen entfernte und auf mich zukam. Sie war ziemlich wackelig auf den Beinen. Ich streckte meine Hand aus, damit sie sie beschnuppern konnte und dann erlaubte sie mir, sie zu streicheln. Als ich meine Hand über ihren dünnen Rücken gleiten ließ, begann sie zu schnurren und stürzte sich dann aufs Futter. Ich ließ sie ein bißchen fressen, dann nahm ich sie hoch und steckte sie in den Katzenkorb. Marie und Paul, die hinter mir in den Startlöchern standen, rannten sofort los, um die Kätzchen einzusammeln.

Im Haus hatte Marie ein Schlafzimmer für die Katze vorbereitet. In einem Wandschrank stand eine mit einem Handtuch ausgelegte Kiste, ein bequemer Platz für sie, um ihre Kätzchen ungestört zu versorgen. Marie hatte außerdem ein improvisiertes Katzenklo aus einer Plastikschüssel gebastelt. Im Wandschrank standen Futter und Wasser für die hungrige Mutter.

Ich wartete, bis Marie und Paul die Kätzchen in der Kiste untergebracht hatten, dann öffnete ich den Korb. Die Katze ging sofort zu ihren Babies. Sobald sie sich richtig hingelegt hatte, schmiegten die Kätzchen sich an sie.

Die Donaldsons gingen zurück nach unten, um bei Cassie zu sitzen, während ich bei der Katzenmutter blieb. Ich schob einen Teller mit Futter zu ihr hinüber, das sie sofort hungrig fraß.

Als der Teller leer war, schloß die Katze die Augen und rieb ihr Gesicht an meiner Hand. Ich untersuchte die drei Kätzchen, sie schienen alle in Ordnung zu sein. Nach kurzer Zeit senkte die Katzenmutter ihren Kopf und schlief ein. Das arme Ding war vollkommen erschöpft.

Ich ging hinunter, um nach Marie und Paul zu sehen. Sie saßen da mit Cassie, die nun ruhig auf ihrem Kissen lag.

„Nun ist sie nicht mehr ruhelos," murmelte Paul.

„Sie hat versucht, uns von der Katze dort draußen zu erzählen," sagte Marie unter Tränen, wobei sie ihre Katze streichelte.

„Cassie hat diese Katze und ihre Kätzchen gerettet," erklärte ich ihnen. „So wie die Temperatur im Moment fällt, hätten die Kätzchen es nicht überlebt. Und ihre Mutter ist zu schwach, sie hätte nicht die Kraft gehabt, sie an einen anderen Ort zu bringen."

Marie bat mich, über Nacht zu bleiben, so daß sie bei Cassie bleiben und ich auf die junge Familie achtgeben konnte. Ich schlief diese Nacht in meinen Sachen und vergewisserte mich, daß die Katzenmutter regelmäßig Pausen von ihren Pflichten einlegte, um zu fressen.

Am nächsten Morgen brach der Tag an, auf den Cassies Einschläferung festgesetzt war. Wir sammelten die Kätzchen und die Katzenmutter ein, um sie mit uns zum Tierarzt zu einer Untersuchung zu nehmen. Die Donaldsons wußten nicht, was sie mit der Katzenmutter und ihren Kätzchen machen sollten. Sie hofften, sie beim Tierarzt unterbringen zu können, bis wir einen Plan hätten.

Paul wickelte Cassie in eine Decke und legte sie in Maries Arme. Nachdem er Marie geholfen hatte, ins Auto zu steigen, half er mir mit den Kätzchen und ihrer Mutter. Wir stellten die Kiste auf den Vordersitz meines Autos, und ich folgte den Donaldsons zu ihrem Tierarzt.

Im Krankenhaus angekommen, übergab ich die Kiste mit den Katzen an einen Tierpfleger. Marie hielt immer noch Cassie im Arm. Als der Pfleger sich entfernte, streckte die Katzenmutter ihren Kopf über den Rand der Kiste und blickte sich um. Als sie Cassie in Maries Armen ausmachte, miaute sie. Es war ein sehr leises, sanftes Miau. Daraufhin hob Cassie ihren Kopf, blickte über ihre Schulter zu der Katze hinüber und miaute ihrerseits. Es war ein absolut identisch klingendes Miau. Ich wußte, die dankbare Mutter sagte „Dank dir" und Cassie antwortete „Sei willkommen".

Cassie starb an diesem Morgen durch eine gnadenvolle Euthanasie friedlich in Maries Armen. Sie war achtzehn Jahre alt. Der Tierarzt erklärte sich einverstanden, die Katzenmutter und ihre Kätzchen für eine Weile im Krankenhaus zu behalten. Aber die Donaldsons wußten, daß es Cassies Wille war, die neue Familie zu ihnen nach Hause mitzunehmen, und wenn es nur für die nächste Zeit wäre.

Zwei Wochen später ging es den Kätzchen gut, und sie wuchsen schnell heran. Die Katzenmutter, mittlerweile auf den Namen Lyla getauft, wurde mit jedem Tag gesünder und kräftiger. Die Donaldsons vermißten ihre Cassie heftig, aber sie waren sehr stolz auf die selbstlose Sorge, die sie für eine andere Katze in Not gezeigt hatte. Cassie hatte der Katzenmutter und ihren Kätzchen in der Tat ein sehr wertvolles Geschenk gemacht: Sie hatte ihnen ihre liebevolle Familie, die Donaldsons, vermacht. Ach übrigens, Marie and Paul entschieden sich, Lyla *und* ihre drei Kätzchen zu behalten, die sie Miracle, Sandy und Little Cass nannten.

Freddie weiß es am besten

„Hallo?"

„Ist dort Pam Johnson? Diejenige, die mit den gestörten Katzen arbeitet?"

„Ja, am Apparat."

„Gut, Sie *müssen* mir helfen," sagte der Mann am anderen Ende der Leitung mit Nachdruck. „Mein Kater terrorisiert meine Frau. Er treibt sie zum Wahnsinn."

John Schreiber war achtundvierzig Jahre alt, Vizepräsident einer Firma, die im Unterhaltungsbereich arbeitete, und frisch verheiratet. Sein sieben Jahre alter Kater Freddie, den John vor Jahren vom Straßenrand gerettet hatte, lehnte die neue Mrs. Schreiber rundheraus ab, wenngleich in den ersten beiden Monaten nach der Hochzeit alles glatt gelaufen war. Es hatte sogar den Anschein gehabt, daß Freddie es genoß, daß Donna in sein Leben getreten war.

„Nachts rollte er sich gewöhnlich in ihrem Schoß zusammen," erzählte mir John. „Sie waren wirklich glücklich miteinander. Und dann plötzlich, vor ungefähr einem Monat, begann er, sie anzufauchen. Und dann begann er, ihre Sachen zu markieren. Es ist, als versuche er, sie aus dem Haus zu treiben."

Wir setzten ein Treffen für den nächsten Samstag fest. John erklärte sich bereit, Freddie in der Zwischenzeit zu einer Untersuchung zum Tierarzt zu bringen.

Am Tag vor unserer Verabredung rief Johns Tierarzt mich an, um mir zu sagen, daß medizinisch gesehen mit Freddie alles in Ordnung war. Er wünschte mir viel Glück bei der Lösung des Problems.

Als ich am Haus ankam, fand ich John auf der vorderen Veranda mit einer Zigarette im Mundwinkel. Die Rauchwolke, die über seinem Kopf waberte, fing sich unter dem Dach der

Veranda. Als ich aus meinem Auto stieg, erhob er sich und kam zu mir herüber, um mich zu begrüßen. Der Tabakgeruch warf mich fast um. Er hatte einen sehr besorgten Ausdruck im Gesicht. Ich schloß meine Wagentür, und wir gingen zum Haus hinüber.

„Wir hatten eine schlechte Nacht," sagte John, und bückte sich, um seine Zigarette im Aschenbecher auszudrücken, der gefährlich auf dem Geländer der Veranda balancierte.

„Was meinen Sie damit?" fragte ich, wobei ich den Berg an Zigarettenkippen im Aschenbecher bemerkte. Offensichtlich saß John bereits eine ganze Weile hier draußen.

John öffnete die Vordertür und bedeutete mir, einzutreten. Er lächelte leicht, ganz so, als käme ich auf einen Freundschaftsbesuch vorbei.

Wir setzten uns aufs Sofa. Es dauerte ungefähr eine Minute, bis ich meine ganze Ausrüstung auf den Teppich neben meine Füße gelegt und mein Notizbuch ausgepackt hatte. Die ganze Zeit beobachtete mich John mit einem sehr besorgten Blick. Er legte den Arm über die Rückenlehne des Sofas und trommelte nervös mit den Fingern. Ich beeilte mich, meinen Stift zu finden.

Als ich hochblickte, bemerkte ich, daß der Stuhl mir gegenüber vollständig in Plastik gehüllt war. John erklärte mir, dieser Stuhl sei das einzige Möbelstück im Wohnzimmer, auf das Freddie es abgesehen hätte. „Es ist Donnas Stuhl," sagte er.

„Wird Donna an unserer Besprechung teilnehmen?" Ich hatte John am Telefon erklärt, wie wichtig es sei, daß sie beide anwesend wären.

„Ja, sie ist hier irgendwo. Entschuldigen Sie mich eine Minute." Er stand auf und ging aus dem Zimmer. Ich hörte, wie er nach seiner Frau rief. Sie antwortete ziemlich kurz angebunden, daß sie gerade draußen wäre. John kam ins Zimmer zurück und nahm wieder seinen Platz auf dem Sofa ein. „Die ganze Sache macht Donna so traurig. Sie sind unsere letzte Hoffnung," sagte er betrübt. „Wenn Freddie nicht aufhört zu markieren, muß ich ein neues Zuhause für ihn finden. Ich verstehe nur nicht, warum er das gerade *jetzt* tut." Er langte nach seiner Zigarettenpackung auf dem Kaffeetisch, sah, daß sie leer war und warf sie wieder zurück.

Donna kam herein und begrüßte mich. Ihr Händedruck war schnell und geschäftsmäßig. Sie war viel jünger, als ich erwartet hatte, ich schätzte sie auf ungefähr fünfundzwanzig. Ihr Rücken war gerade, und ihre Hände lagen in ihrem Schoß, als sie sich ihrem Mann gegenüber auf ein Sofa setzte. Sie warf mir einen strengen Blick zu – ich hatte den Eindruck, daß die mir zubemessene Zeit lief.

Ich bat John, mich auf den neuesten Stand zu bringen. Er begann seine Geschichte damit, wie wunderbar sich Freddie und Donna am Anfang verstanden hatten. Dann plötzlich vor einem Monat markierte er ihren Pullover. Donna hatte ihn an diesem Abend nach der Arbeit ausgezogen und über einen Stuhl im Schlafzimmer gelegt. Als sie den Pullover am nächsten Morgen zusammenfaltete, um ihn wegzuräumen, bemerkte sie den Uringeruch. Zwei Tage später markierte Freddie eines ihrer Kleider. Das war früh am Abend: Donna war von der Arbeit nach Hause gekommen und hatte das Kleid auf dem Bett liegen lassen, als sie vor dem Abendessen noch eine Dusche nahm.

„Freddie markiert nur Donnas Sachen," sagte John, wobei er seiner Frau einen mitfühlenden Blick zuwarf. „Meine Sachen läßt er völlig in Ruhe." Donna blieb schweigsam, während John seine Geschichte fortsetzte. „Und er fing an, *den* da zu markieren." Er deutete auf den plastikumhüllten Stuhl.

„Wie verhält er sich Ihnen gegenüber?" fragte ich Donna.

Dies schien sie aus ihren Gedanken zu reißen – sie wirkte beim Klang ihres Namens erschreckt.

„Was?"

Ich wiederholte meine Frage.

Donna schüttelte den Kopf und winkte mit einer verneinenden Geste ab. „Er haßt mich einfach, das ist alles. Und er ruiniert meine Sachen."

John fuhr damit fort, zu erklären, wie Freddie Donna kräftig anfauchte, immer wenn sie gerade von der Arbeit nach Hause kam. Er lief ihr dann hinterher, während sie sich auszog. Das war der Zeitpunkt, an dem er gewöhnlich markierte.

„Also faucht Freddie nur dann, wenn Sie gerade von der Arbeit nach Hause kommen?" fragte ich Donna.

„Ich bin mir nicht sicher," antwortete sie, woraufhin John sie völlig verwirrt ansah.

„Du weißt, daß er das macht. Wir haben darüber gesprochen, wie merkwürdig das ist," sagte John zu ihr. Er wandte sich zu mir um und erklärte mir: „Später am Abend beruhigt er sich."

„Erzählen Sie mir von diesem Stuhl," sagte ich, wobei ich auf das mit Plastik verhüllte Möbelstück deutete.

John erzählte mir, daß Donna immer ihre Aktentasche und ihren Mantel auf diesen Stuhl warf, wenn sie zur Tür hereinkam. Dann setzte sie sich auf die Armlehne und sah ihre Post durch. „Das gehört zu ihren Gewohnheiten," sagte er.

Nachdem wir uns ausführlich unterhalten hatten, verbrachte ich eine halbe Stunde mit Freddie. Er schien ein verspielter, wacher und freundlicher Kater zu sein. Seine Liebe zu John war so offensichtlich wie sein Mißtrauen Donna gegenüber.

Ich nahm an, daß Freddie auf einen Geruch an Donnas Sachen reagierte. Katzen zeigen starke Reaktionen auf bestimmte Gerüche. Das bedurfte weitere Nachforschungen. Ich erwähnte diese Möglichkeit John und Donna gegenüber.

John war interessiert. Er sagte, das mache Sinn, da Freddie sich nie an Donnas Sachen gestört hatte, sogar dann nicht, wenn sie sie auf dem Boden liegen ließ – was sie sehr oft tat, wie er hinzufügte. Freddies Faszination betraf ausschließlich Donnas Bürogarderobe.

Donna hielt das Ganze für kompletten Blödsinn.

„Arbeiten Sie in der Nähe von irgendwelchen Chemikalien?" fragte ich sie, in dem Versuch, irgendeine Verbindung herzustellen.

„Nein," antwortete sie mit einem listigen Lächeln. Ich hatte den Verdacht, daß sie meine Vermutung unbedingt als falsch hinstellen wollte.

„Benutzen Sie ein bestimmtes Parfüm ausschließlich bei der Arbeit?"

Sie verneinte wieder.

„Deine Sachen riechen immer nach Waynes Eau de Cologne", sagte John plötzlich.

Ich sah, wie Donna John einen mißbilligenden Blick zuwarf. „Das liegt daran, daß ich mit dem Mann *arbeite*," antwortete sie ungeduldig. „Er ist mein Chef. Was erwarten Sie?" Sie drehte sich zu mir um. „Ich arbeite in einer Werbeagentur und bespreche mich jeden Tag mit meinem Chef."

John lehnte sich zu Donna hinüber. „Aber du hast bereits vor einem *Monat* angefangen, für ihn zu arbeiten."

„Tatsächlich?" antwortete sie kühl.

„Also, es gibt einen Zusatz in bestimmten Duftwässern, der dem Pheromongeruch von Katern ähnelt," sagte ich.

„Was?" John verzog das Gesicht.

Ich nickte. „Es ist in den Duftwässern, die auf Moschus basieren."

„Sein Eau de Cologne riecht nach Moschus," bestätigte John.

Donna lehnte sich nach vorn, wobei sie die Arme auf den Knien aufstützte. „John, erzähl mir nicht, daß du ihr wirklich diesen Mist abkaufst."

„Doch, das macht Sinn." John tätschelte ihren Arm. „Denk mal darüber nach. Ich habe schon oft zu dir gesagt, daß ich sein Eau de Cologne riechen kann. Und der Geruch hängt nur in deinen Sachen, die du im Büro trägst."

„Gut, was erwartet ihr von mir?" Sie sah uns beide an. „Soll ich etwa meinem Chef sagen, er soll kein Eau de Cologne mehr benutzen, weil sonst der Kater auf meine Sachen pinkelt?" Sie fing an zu lachen. „Lady, Sie sind genauso verrückt wie diese blöde Katze."

Ich sagte nichts dazu. Ich bin auch schon zuvor verrückt genannt worden und ziemlich daran gewöhnt.

„Donna!" rief John aus. Er sah verletzt aus. Wahrscheinlich nicht, weil seine Frau einen Gast beleidigt hatte, sondern weil sie seinen Kater als blöd bezeichnet hatte.

„Aber das ist er," antwortete sie. „Meine Zeit wird hier nur vergeudet."

Auf das Risiko hin, sie womöglich noch wütender zu machen, schlug ich folgendes vor: „Donna, wären Sie bereit, wenigstens ein Experiment zu versuchen?"

„Und das wäre?" schnaufte sie.

Ich hatte keine allzu große Hoffnung, aber ich ließ mich nicht beirren. „Könnten Sie einige Sachen in einer Tasche zur Arbeit mitnehmen und sie erst am Ende des Arbeitstages anziehen, unmittelbar bevor Sie nach Hause gehen? Und ihre Arbeitskleidung direkt in einen Wäschesack stecken oder in die Reinigung bringen?" Ich wartete auf ihre Reaktion, wobei ich sicher war, daß ich ihr wieder zu nahe getreten war.

„Bitte versuch es," bat John sie.

Donna starrte John an, schließlich hob sie ihre Hände in einer Geste der Niederlage. „Einverstanden, ich werde es tun. Wenn das bedeutet, daß der Kater aufhört, meine Sachen zu ruinieren, ist es einen Versuch wert." Sie blitzte mich an und zeigte mit dem Finger auf mich. „Sie wissen hoffentlich, wovon Sie sprechen, sonst will ich nämlich unser Geld zurück."

Bevor ich abfuhr, machte ich Donna einige Vorschläge für Spielstunden mit Freddie. Sie sollten helfen, sein Vertrauen wiederzugewinnen. Diese Idee kam nicht besonders gut an, aber John versprach mir, daß er Donna dazu bringen würde, an den Spielstunden mit dem Kater teilzunehmen.

Donna machte widerwillig drei Wochen lang bei dem Experiment mit, und in der Tat hörte Freddie auf, ihre Sachen zu markieren. Er zeigte keinerlei Interesse an den Sachen, die sie anzog, kurz bevor sie nach Hause kam. Alle schienen glücklich, sogar Donna.

John erzählte mir, daß Freddie seine täglichen Spielstunden genoß. Es schien die einzige Gelegenheit zu sein, bei der er Donna mochte. Aber er traute ihr nach wie vor nicht ganz. Ich erklärte John, daß es wahrscheinlich zu früh wäre, nach drei Wochen schon von Freddie zu erwarten, daß er die Vergangenheit vollständig vergessen hätte. Die Tatsache, daß sie miteinander spielten, war ein gutes Zeichen. Und daß Freddie nicht mehr markierte, war auf jeden Fall eine Verbesserung.

Wieder waren zwei Wochen ins Land gegangen, als ich einen

Anruf von John erhielt. Seine Stimme klang, als koste es ihn viel Kraft, seine Gefühle unter Kontrolle zu halten. Es gab Neuigkeiten, die ich seiner Meinung nach wissen sollte. Donna und er trennten sich.

„Es tut mir leid, das zu hören," sagte ich.

„Ich wollte nur, daß Sie wissen, daß Freddie die ganze Zeit über recht hatte. Er war hinter Donnas Geheimnis gekommen. Wissen Sie noch, wie Sie uns von dem Pheromongeruch im Eau de Cologne erzählten?"

Ich bejahte.

„Also, nachdem Donna damit begonnen hatte, ihre Sachen zu wechseln, bevor sie nach Hause kam, lief alles prima. Freddie hat nicht mehr markiert. Aber dann sagte Donna letzten Samstag, sie würde mit Lexene, einer ihrer Freundinnen, essen gehen." John machte eine kurze Pause. „Aber während sie angeblich mit ihrer Freundin essen war, kamen Lexene und eine andere junge Frau vorbei, um Donna zu besuchen. Ich sagte Lexene nichts. Ich wartete einfach darauf, daß Donna nach Hause kam."

„John, ich denke nicht, daß ich diejenige bin, der Sie dies erzählen müssen..." setzte ich an.

„Warten Sie," unterbrach er mich. „Es kommt noch besser."

Na, großartig.

„Donna kam also nach Hause, und ich fragte sie, wie ihr Essen mit Lexene verlaufen wäre. Sie sagte, es wäre schön gewesen und ließ mich von ihr grüßen. Dann ging sie ins Schlafzimmer. Sie sagte, ihr wäre heiß und sie wolle kurz eine Dusche nehmen. Ich stand im Wohnzimmer und versuchte irgendwie meine Fassung zu wahren. Ich wußte nicht, was ich tun sollte. Dann sah ich, wie Freddie aus dem Wohnzimmer kam und einen ziemlich verlegenen Eindruck machte. Also ging ich hinein und sah Donnas Sachen, wie gewöhnlich auf dem Boden aufgehäuft. Ich hob ihr Hemd auf, und es war naß. Freddie hatte es markiert."

John hielt inne. Entweder versuchte er, sich zu beherrschen oder nicht in Tränen auszubrechen. „Egal ... als Donna ins

Schlafzimmer zurückkam, fragte ich sie, wo sie wirklich gewesen wäre. Und ich erzählte ihr von Lexenes Besuch. Sie wollte überhaupt nichts zugeben, nicht einmal, als ich ihr das nasse Hemd unter die Nase hielt. Ich hatte es einfach nicht glauben wollen, aber jetzt war ich sicher, daß sie Wayne heimlich traf. Ich hätte früher auf Freddie hören sollen. Sie konnte mich an der Nase herumführen, aber Freddie ließ sich nicht täuschen."

Dank der Hilfe seines Katers hatte John also entdeckt, daß ihn seine neue Frau seit mindestens zwei Monaten betrog. Sie trennten sich, und John hat nun die Scheidung eingereicht.

„Freddie ist schon einer," sagte John an diesem Tag ruhig am Telefon, fast als spräche er zu sich selbst. „Er kennt die Frauen besser als ich." Dann, kurz bevor er auflegte, fügte er hinzu: „Ihre Information über das Rasierwasser war der entscheidende Punkt. Ich wäre ohne Sie niemals zur Wahrheit vorgedrungen. Danke, Pam."

Nichts zu danken, gern geschehen ...

Der kahle Sedona

Sedona war fast kahl. Nur auf dem Kopf des achtjährigen Tonkanesen waren ihm noch Haare verblieben. Auf dem übrigen Körper wuchsen nur noch spärliche Reste verstreuter Haarbüschel. Was vor gut fünf Monaten als kleiner kahler Fleck auf dem Bauch begonnen hatte, war nun zu einem ernsten Problem geworden: Der Kater war vollkommen nackt.

Als Sedonas Besitzer, David Murphy, diese erste kleine Stelle entdeckte, hatte er ihn sofort zum Tierarzt gebracht. Da dieser keine Ursache für den winzigen haarlosen Fleck finden konnte, verschrieb er eine bitterschmeckende Salbe, die Sedona davon abhalten sollte, weiterhin an dieser Stelle zu lecken.

Eine Woche später waren Dave und Sedona wieder beim Tierarzt, weil ein zweiter kahler Fleck auf der Innenseite des rechten Schenkels des Katers aufgetreten war. Dieser Fleck war allerdings viel größer. Der Kater wurde nochmals untersucht und um sicher zu gehen, wurden auch Bluttests durchgeführt. Es war eine gute Idee, in Sedonas Alter einen Bluttest durchzuführen, um seine Nieren- und Leberwerte sowie den Spiegel seiner Serumproteine zu überprüfen. Die Anzahl der Blutzellen wurde ebenfalls festgestellt.

Während der Tierarzt Sedona Blut abnahm, erwähnte er Dave gegenüber, daß die kahlen Flecken auch andere als physiologische Gründe haben könnten. Er erwähnte den Begriff „Psychogene Alopezie", ein Zustand, der durch besessenes Lecken hervorgerufen wird.

„Psycho, was?" fragte Dave. „Bedeutet das, daß mein Kater irgendwie psychisch krank ist?"

„Er könnte sich gestreßt oder gelangweilt fühlen. Ich kenne das von Katzen, die eine lange Zeit im Tierheim verbringen oder in chaotischen Haushalten leben."

Dave sagte, abgesehen von ein paar Affären ab und an, hätte

sich in seinem Leben und in Sedonas Umgebung nichts Größeres geändert. Er konnte sich nicht vorstellen, was um alles in der Welt seinen Kater wohl beunruhigen könnte.

Der Tierarzt kündigte ihm die Resultate der Bluttests für den nächsten Tag an; vielleicht würden sie dort eine Antwort finden. Er gab Dave den Rat, Sedona inzwischen regelmäßig Malzpaste zu verabreichen. Sie beugt einem möglichen Darmverschluß durch verschluckte Haare vor.

Die Testergebnisse bestätigten, daß Sedona ein Musterexemplar an Katzengesundheit war.. Daher empfahl der Tierarzt, dem Kater ein verschreibungspflichtiges Medikament zu geben, das sich in vielen Fällen psychogener Alopezie als wirkungsvoll erwiesen hat. Dave erklärte sich einverstanden, aber nach zwei Monaten Medikamententherapie verschlimmerte sich Sedonas Kahlheit immer weiter. Verschiedene Medikamente, einschließlich Tranquilizern, wurden ausprobiert, aber nichts stoppte den Haarverlust.

Aus lauter Verzweiflung band er dem Kater einen großen Halskragen um. So ein kegelförmiger Plastikkragen hindert ein Tier daran, irgendeinen Teil seines Körpers mit der Zunge zu erreichen. Der Kragen erwies sich zwar als Teilerfolg – er hielt Sedona wirklich vom Lecken ab –, aber es war offensichtlich, daß er sich damit elend fühlte. Dave nahm schließlich den Kragen ab. Er konnte nicht mehr länger mitansehen, wie der arme Sedona versuchte, sich im Haus zurechtzufinden. Innerhalb kurzer Zeit leckte er all das Haar, das wieder zu wachsen begonnen hatte, weg. Es schien keine Lösung zu geben.

Nach Medikamententherapie, Halskragen, bitterschmeckenden Salben und Tieranzügen, ging Dave mit Sedona zu einem anderen Tierarzt, um eine zweite Meinung einzuholen. Die Diagnose „Psychogene Alopezie" wurde bestätigt, aber diesmal empfahl der Tierarzt, daß Dave sich mit mir in Verbindung setzen solle: Vielleicht könne ich ja helfen, Sedonas zwanghaften Putztrieb zu stoppen.

Auch wenn Dave nicht besonders optimistisch war, er wußte, daß er nichts zu verlieren hatte, und rief mich an.

Dave erklärte mir, daß Sedona ein Überraschungsgeschenk

einer früheren Freundin gewesen sei, nachdem Dave eine geliebte Katze durch Krebs verloren hatte. Sedona, zu dieser Zeit ein dreizehn Wochen altes Kätzchen, fühlte sich ziemlich schnell wohl in seinem neuen Zuhause und war für Dave ein großer Trost in dieser Zeit seines Kummers.

Sedona war ein sehr menschenbezogener Kater. Er liebte es, durch das Haus zu rasen, auf einem großen, dick gepolsterten Sessel zu schlafen, den Dave auf einem Flohmarkt gefunden hatte, und mit seinem Besitzer herumzuhängen. Wenn Daves Freunde vorbeikamen, um Football zu gucken, lag Sedona irgendwo zwischen den Schüsseln mit Chips und Brezeln.

„Sedona war immer wie einer von uns", erzählte Dave bei unserem ersten Telefonat. „Er war nie eins von diesen zimperlichen kleinen Kätzchen, die sich vor allem verstecken. Er liebt wirklich jeden."

Wir legten ein Treffen für das nächste Wochenende fest, aber Dave ließ mich wiederholt wissen, er wäre sehr skeptisch, daß ich Sedonas Problem lösen könne.

Dave und Sedona lebten in einer sehr ruhigen Straße in dem Haus, in dem Dave aufgewachsen war. Er hatte seinen Eltern das Haus abgekauft, als diese sich zur Ruhe setzten und nach Florida zogen.

Ich ging die Auffahrt hoch und sah, wie sich ein Vorhang in einem der oberen Fenster bewegte. Als ich näher kam, wurde der Vorhang in einem anderen Fenster beiseite geschoben – ein kleiner Katzenkopf starrte auf mich hinunter. „Hi, Sedona," rief ich zu dem Kater hoch.

Dave kam an die Tür und hieß mich willkommen. Er war ein rundlicher Mann, mit einem breiten Lächeln und dunklen, ausdrucksstarken braunen Augen. „Warten Sie, ich nehme Ihnen das ab," sagte er, als er nach meinem Koffer und dem Bündel Katzenspielzeug griff. Sedona war direkt neben ihm, er sah recht ... nun ja ... kahl aus. Er kam zu mir herüber und richtete den Schwanz zu einer freundlichen Begrüßung auf.

Ich sah mich um. Alles in dem Haus erinnerte an alte Südstaatenherrlichkeit, daher wohl auch der passende Name des Katers – Sedona.

Nachdem wir uns im Arbeitszimmer niedergelassen hatten, begann Dave sofort, mich ins Bild zu setzen, während Sedona die Dinge untersuchte, die ich mitgebracht hatte. Als erstes steckte er seinen Kopf in meine offene Tasche. Als er darin nichts Interessantes fand, machte er sich über die interaktiven Spielzeuge her, die in der Nähe meines Stuhles lagen. Schon bald waren sie in der Mitte des Raumes verteilt. Gerade als er eines davon wegschleppen wollte, griff ich zu und packte das Ende des Spielzeugs – gerade noch rechtzeitig, sonst wäre Sedona damit hinter der Ecke verschwunden.

Nach der Geschichte, die Dave zum besten gab, schien Sedona ein glücklicher Kater zu sein, der ein relativ sorgenfreies Leben mit einem liebevollen Besitzer führte. Sedonas Alopezie sprach jedoch ganz offensichtlich gegen diese Version. Da es keine eindeutigen Anzeichen dafür gab, daß dieser Kater eine harte Zeit durchmachte, schloß ich Streß zunächst einmal aus.

Ich begann den Verdacht zu hegen, daß das Problem auf Langeweile zurückzuführen war.

„Haben Sie Sedona je dabei beobachtet, wenn er sich wie unter Zwang geputzt hat?" fragte ich.

„Nein, niemals," antwortete Dave.

„Ist er längere Zeit allein?"

Dave zuckte die Schultern. „Nein, eigentlich nicht. Allerdings muß ich jeden Tag ungefähr neun bis zehn Stunden zur Arbeit. Außerdem gehe ich noch ungefähr an drei Abenden in der Woche aus, aber das ist nichts Neues. Das ist schon immer so gewesen, seit ich ihn habe."

„Wenn Sie zu Hause sind, ist Sedona immer bei Ihnen, nicht wahr?"

„Immer. Wie ein Schatten," antwortete Dave mit seinem breiten Lächeln.

„Wenn Sie niemals gesehen haben, wie er sich putzt, dann tut er es entweder während des Tages, wenn Sie bei der Arbeit sind, oder aber nachts. Haben Sie jemals bemerkt, ob er abends, wenn Sie nach Hause kommen, oder wenn Sie morgens aufwachen mehr kahle Stellen hat?"

„Mir ist aufgefallen, daß einige der Stellen größer sind, wenn ich abends mit ihm spiele. Also muß er das alles tagsüber machen. Aber warum gerade in den letzten fünf Monaten?"

Ich blickte von meinem Notizbuch hoch. „Wir werden es herausfinden."

Dave und ich unterhielten uns noch ein Weilchen, dann verbrachte ich ein bißchen Zeit mit Sedona. Er war ein verspielter, neugieriger und sanftmütiger Kater. „Ich werde der Sache auf den Grund gehen," flüsterte ich ihm zu, als ich seinen haarlosen Rücken streichelte. Ich drehte mich zu Dave um und bat ihn um eine Führung durchs Haus, damit ich mir ein vollständiges Bild von Sedonas Umgebung machen konnte.

Ich ging durch alle Räume und bat Dave, mir Sedonas Lieblingsplätze und die Stellen, die er am wenigsten mochte, zu zeigen.

„Er hat eigentlich nur einen Lieblingsplatz," sagte Dave und zeigte auf das Arbeitszimmer.

Ich ging hinüber zu einem großen, bequem aussehenden Sessel, der in der Nähe des Fensters stand.

„Sedona mag diesen Stuhl sehr. Immer wenn ich nach Hause kam, fand ich ihn mit Katzenhaaren übersät. Jetzt ist natürlich nirgends mehr viel Haar zu finden," sagte Dave traurig. „Aber er schaut gern aus diesem Fenster."

Ich stand vor dem Sessel und blickte hinaus. Das Fenster lag an der Seite des Hauses, nahe der Rückfront, und blickte auf die Seitenfront des Nachbarhauses. Es gab dort allerdings nicht viel zu sehen, da der Blick von einem hohen Zaun versperrt wurde.

Ich bemerkte, daß der Zaun relativ neu war.

„Schaut Sedona denn grundsätzlich gern aus allen Fenstern?" fragte ich.

„Nein, hauptsächlich aus diesem. Ich denke, es ist der Sessel, den er mag."

Während ich aus dem Fenster sah, stellte sich mir automatisch die Frage, warum eine Katze daran interessiert sein sollte, auf einen Zaun zu starren. Die Oberkante des Zauns lag viel zu hoch über dem Fenster, als daß Sedona irgendwelche Vögel hätte sehen können, die möglicherweise darauf landeten.

„Kann ich mal hinausgehen?" fragte ich Dave.

Er sah verwirrt aus. „Ja, natürlich."

Ich ging nach draußen und um die Ecke zur Seite des Hauses. Dave folgte mir.

„Was suchen Sie?" fragte er.

„Seit wann steht dieser Zaun hier?"

„Ich weiß nicht, vielleicht sechs Monate."

„Wissen Sie, was auf der anderen Seite des Zaunes ist?"

Dave warf mir einen merkwürdigen Blick zu. „Natürlich, das Nachbarhaus."

Ich ließ mich nicht beirren. „Haben Sie eine Leiter?"

„Eine was?"

„Eine Leiter. Ich will nur sehen, was auf der anderen Seite ist. Es wird nur eine Minute dauern."

Dave verschwand zur Rückseite des Hauses. Als er mit der Leiter zurückkam, war sein freundliches Lächeln verschwunden, das ich während der vergangenen Stunde gesehen hatte.

Nachdem er die Trittleiter aufgestellt hatte, erstieg ich sie und spähte über die Kante des Zaunes. Da hatten wir's! Nun war mir klar, warum der arme Sedona sich übermäßig putzte. Er war frustriert und gelangweilt, denn er hatte die großartige Quelle seiner Unterhaltung und Anregung eingebüßt: das sehr belebte Vogelhäuschen der Nachbarn. Sedona war nicht daran interessiert, einen Zaun anzustarren. Er war daran interessiert, das anzustarren, was dort *war*, bevor der Zaun errichtet wurde.

Mit dieser neuen Information gewappnet, gingen Dave und ich zurück ins Haus, damit ich einen Plan erstellen konnte. Ich sagte ihm, er solle ein Vogelhäuschen kaufen und es für Sedona direkt vor dem Fenster aufstellen. Sedona hatte diese Anregung vermißt. Dann zeigte ich Dave, wie er mit Sedona jeden Abend Spielstunden durchführen sollte. Das würde dem Kater ermöglichen, auf „Vogeljagd" zu gehen. Da Sedona ein Tonkanese war – eine ziemlich athletische Katzenrasse – würde dieses lebhafte Spiel für ihn perfekt sein.

Weiterhin schlug ich vor, daß Dave ein Aquarium mit einem katzensicheren Deckel zu Sedonas Unterhaltung aufstellen sollte. „Auf diese Weise kann er sich, wenn an einem Tag mal wenig Vögel aufkreuzen, damit amüsieren, Fische zu beobachten. Aber gleichzeitig mit der Aufstellung von Vogelhäuschen und Aquarium müssen Sie für regelmäßige Spielstunden sorgen, damit Sedona seinen Jagdtrieb ausleben kann."

Als ich Daves Haus verließ, versprach er, er würde noch an diesem Nachmittag ausgehen, um alles Nötige zu besorgen.

Dave rief mich in den folgenden Wochen noch mehrmals an und erzählte mir, daß der Trick mit dem neuen Vogelhäuschen und dem Aquarium geglückt war. Sedona hatte das übermäßige Putzen aufgegeben und sein Haar begann wieder zu wachsen.

Sechs Monate später bekam ich per Post einige Fotos von Sedona, zusammen mit einer Notiz von Dave. Auf einem Bild saßen Dave und Sedona zusammen auf dem Sofa und beobachteten das Aquarium. Ein anderes zeigte Sedona auf seinem Lieblingssessel, wie er das Leben am Vogelhäuschen gespannt verfolgte. Der Kater sah glücklich und *behaart* aus. In der beigefügten Notiz erwähnte Dave, daß Sedona immer noch zwischen den Kartoffelchips und den Brezeln sitzt, wenn seine Freunde zum Fernsehen herüberkommen – nur beobachtet er jetzt das Aquarium statt des Spiels.

Lebendige Wände

An einem Sonntag morgen gegen halb acht genoß ich noch die dämmerigen letzten Phasen des Tiefschlafes, als das Telefon mich weckte.

„Hallo?" Ich meldete mich und versuchte, wacher zu klingen, als ich eigentlich war. Wenn Klienten früh am Morgen anrufen, was häufiger vorkommt, so scheint es ausgerechnet immer nach einer langen Nacht zu passieren. Anscheinend sollte es mir nicht vergönnt sein, endlich einmal Schlaf nachzuholen.

„Dr. Kramer hat mir gesagt, ich solle Sie wegen meiner Katze anrufen. Mein Name ist Wendy Hearn."

Ich bezweifelte allerdings heftig, daß der Tierarzt ihr geraten hatte, mich morgens um halb acht anzurufen. „Wie kann ich Ihnen helfen?" fragte ich sie, während ich mir die Augen rieb und zu meinen eigenen beiden Katzen hinüberblickte, die sehnsüchtig auf ihr Frühstück warteten. Der Schwanz meines Hundes begann in froher Erwartung des morgendlichen Spazierganges auf den Boden zu schlagen. Meine Tiere sind zwar höflich genug, mich morgens ausschlafen zu lassen, sie wissen aber, daß ich ihnen meine Aufmerksamkeit schenke, sobald meine Augen erst einmal geöffnet sind. Kommt es zum Augenkontakt, bin ich ihnen ausgeliefert, und ein Anruf am frühen Morgen ist genau die Gelegenheit, auf die meine Tiere warten.

Der Wetterbericht vom Vorabend hatte vorausgesagt, daß die heutige Hitze alle Rekorde brechen würde. Als ich aus dem Schlafzimmerfenster blickte, bemerkte ich, daß bereits alles ausgedörrt wirkte. Das leise Summen der Klimaanlage war deshalb außerordentlich beruhigend und lullte mich wieder in den Schlaf. Ich bemerkte plötzlich, daß ich Mrs. Hearn nicht zuhörte und lenkte meine Aufmerksamkeit wieder auf die Unterhaltung.

„Ralphie geht die Wände hoch," sagte sie gerade.
„Sie meinen, er ist hyperaktiv?"
„Nein, er geht *wirklich* die Wände hoch. Er wirft sich auch gegen sie. Es ist, als ob er besessen wäre."

Nachdem ich mir mein Notizbuch und einen Stift vom Nachttisch geschnappt hatte, notierte ich mir schnell Mrs. Hearns Telefonnummer. Ich sagte ihr, ich würde sie in ein paar Minuten wieder anrufen. Erst müßte ich meinen Hund ausführen und meinen Terminkalender auftreiben. In der vorangegangenen Nacht war ich zu einem Notfall bei einem Klienten mit einer aggressiven Katze gerufen worden und war nicht vor halb vier morgens nach Hause gekommen. Im Moment wußte ich weder, wo ich meinen Terminkalender, mein Portemonnaie, noch den Schlüssel oder gar die Schuhe abgelegt hatte.

Als ich zurückrief, erklärte mir Mrs. Hearn, daß Ralphie, ihr fünfjähriger Russisch-Blau-Kater, seit einiger Zeit Anfälle hatte und sich gegen die Wände warf. Ursprünglich hatte es damit angefangen, daß er an den Wänden kratzte und als nächstes versuchte, an ihnen hochzuklettern. Schon bald eskalierten seine Anfälle zu selbstmordverdächtigen Läufen mit dem Kopf voran. Als Mrs. Hearn ihren Tierarzt anrief, riet er ihr, Ralphie einen Kratzbaum zu kaufen. Mrs. Hearn befolgte den Rat, und Ralphie benutzte ihn auch ganz glücklich, aber er setzte seine Angriffe gegen die Wände fort. Dann kam der Tierarzt auf die Idee, daß Ralphie sich möglicherweise langweilte und mehr Anregung bräuchte, also kaufte Mrs. Hearn Spielzeug. Ralphie war nicht daran interessiert.

„Ich brachte ihn zu Dr. Kramer," sagte Mrs. Hearn, „aber er konnte nichts bei Ralphie finden. Deshalb empfahl er mir, Sie anzurufen."

„Macht Ihr Kater das denn häufig?" fragte ich.

„Er tut es sehr oft. Es ist, als versuche er, sich umzubringen. Machen Katzen denn so etwas?"

„Das denke ich nicht."

„Wann können Sie vorbeikommen?"

Ich blätterte meinen Terminkalender durch. „Wie wäre es mit Dienstag abend?"

„Nein, Nein," antwortete sie. „Ich möchte, daß Sie jetzt herüberkommen, heute morgen. Ich mache mir wirklich Sorgen."

In der Regel stehe ich meinen Klienten sieben Tage in der Woche zur Verfügung, aber gerade den heutigen Tag hatte ich mir offiziell frei gegeben. Ich mußte eine Menge persönliche Angelegenheiten erledigen, und meine Wohnung hatte dringend eine Reinigung nötig. „Heute ist wirklich..."

„Bitte," unterbrach sie mich. „Ich kann es nicht mehr mitansehen, was er da tut."

„Natürlich. Wie wäre es mit heute nachmittag, um halb drei?"

„Können Sie nicht jetzt sofort vorbeikommen?" bat sie mich eindringlich.

Eigentlich hatte ich das Gefühl, daß es bis nachmittags warten könne, aber ich erklärte mich bereit, in einer Stunde vorbeizukommen.

„Versuchen Sie es ein bißchen früher. Würde es Ihnen etwas ausmachen?"

„Mrs. Hearn, ich fahre los, sobald ich kann, aber Sie müssen mir schon Zeit geben, zu Ihnen zu kommen. Sie leben dreißig Minuten entfernt. Ich verspreche Ihnen, ich beeile mich."

„Ich werde auf Sie warten," sagte sie und legte auf.

„Soviel zu meinem freien Tag," klagte ich meinem Hund, der zum Bett zurückgekehrt war und sich bequem auf meinem Kissen räkelte. „Ich fahre jetzt los," sagte ich zu ihm, als ich aus dem Schlafzimmer ging. „Nein, bleib ruhig liegen."

Mrs. Hearn wartete schon an der Tür auf mich, als ich ankam. Sie war eine zierliche Frau, etwa Anfang Fünfzig. Als ich ins Haus trat, sah ich Ralphie, der hinter seiner Besitzerin auf dem Boden saß.

„Vielen Dank, daß Sie so rasch kommen konnten," begrüßte sie mich und geleitete mich hinein. Sie schloß schnell die Tür, um die drückende Hitze nicht reinzulassen. „Er hat an den Wänden gekratzt, seit ich mit Ihnen telefoniert habe. Ich glaube, er dreht jetzt durch!"

Ich blickte hinüber zu dem ruhigen Kater, der keinerlei

Anstalten machte, sich zu bewegen. Mrs. Hearn folgte meinem Blick. „Ich sage Ihnen, er hat die ganze Zeit an den Wänden gekratzt," versicherte sie, wie zu ihrer Verteidigung. „Er ist nur jetzt gerade boshaft, um mich dumm dastehen zu lassen."

Ich sah sie mit hochgezogenen Augenbrauen an und blickte dann zu Ralphie zurück. Er blinzelte mir gemächlich zu, drehte sich um und ging weg.

„Ich möchte etwas mehr über Ihren Kater erfahren," sagte ich, als ich Mrs. Hearn in das Wohnzimmer folgte. Ich saß auf einem der dick gepolsterten Sessel, während Ralphie sich den Sessel mir gegenüber ausgesucht hatte; er war bereit, mit der Sitzung zu beginnen. Mrs. Hearn saß auf der Couch und beobachtete vorsichtig ihren Kater. Sie sah aus wie eine Mutter, die von ihrem Kind enttäuscht ist, weil es sich in Gesellschaft schlecht benimmt. Ralphie nahm das alles gelassen, saß zufrieden da und beobachtete die Vorgänge. Ihm gelang sogar ein imposantes Gähnen.

„Ich verstehe das nicht. Heute morgen hat er verrückt gespielt. Ich weiß nicht, warum er jetzt so ruhig ist," sagte Mrs. Hearn. Sie drohte Ralphie mit dem erhobenen Finger. „Du läßt mich ganz schön dumm aussehen."

„Ich bin überzeugt, er ist nur durch meine Anwesenheit abgelenkt," wandte ich ein.

„Nein, er ist boshaft."

Für den Moment entschied ich mich, ihr Beharren zu ignorieren, daß Ralphie ihr irgendetwas absichtlich antat. „Wann haben Sie dieses Verhalten zum ersten Mal bemerkt?" fragte ich.

„Vor einer Woche. Er begann damit, die Wände anzustarren. Es war sehr merkwürdig. Er hatte sich einfach der Wand da drüben zugewandt und blickte sie mehrere Minuten lang an." Sie zeigte auf die Wand, die mir gegenüber lag. „Dann lief er davor auf und ab. Am nächsten Tag kratzte er an der Wand, als ob er sie aufreißen wollte. Schließlich stürzte er sich richtiggehend dagegen."

Ralphie gähnte wieder, streckte sich und rollte sich dann auf dem Stuhl zu einem kleinen Schläfchen zusammen. Mrs. Hearn verdrehte ihre Augen, offenbar enttäuscht davon, daß ihr Kater nicht bereit war, mitzuarbeiten.

„Gab es in der letzten Zeit irgendwelche Veränderungen in Ralphies Leben?"

Sie schüttelte den Kopf. „Nein, es hat sich so gut wie nichts verändert. Mein Mann starb vor fünf Jahren, und seitdem ist Ralphie mir ein großer Trost gewesen." Sie starrte ihren Kater an. „Das heißt, bis vor kurzem." Plötzlich stand sie auf, durchquerte das Zimmer und nahm den schlafenden Kater in ihre zarten Arme. „Ich habe nun die Nase voll von dir, junger Mann," schimpfte sie. „Nun zeig der Lady, was du immer machst."

„Mrs. Hearn, es wäre mir lieber, wenn Sie Ralphie nicht zwingen. Ich möchte ihm Zeit geben, damit er sich an mich gewöhnt."

Sie sah erst den Kater an und dann mich. „Ich weiß, was ich tue," fuhr sie mich an und setzte ihren Kater auf dem Boden vor der Wand ab.

Für ihre Größe strahlte sie eine enorme Autorität aus. Ralphie saß auf dem Boden und schaute mich an. Natürlich hatte er mein Mitgefühl.

„Gestatten wir Ralphie doch, sich zu entspannen," schlug ich vor. „Ich möchte gern ein bißchen mit ihm spielen, um seine Persönlichkeit besser kennenzulernen."

Mrs. Hearn warf Ralphie einen letzten Blick voll Abscheu zu und ging dann zurück zur Couch. Ich ließ mich auf dem Boden in der Nähe der Wand nieder. Ralphie wurde sofort munter, als ich ein interaktives Spielzeug aus meiner Tasche zog. Wir begannen unser Spiel. Ich bewegte das Spielzeug an der Wand entlang und ließ es sogar an der Tapete hochlaufen, aber Ralphie war einzig und allein mit unserem Spiel beschäftigt. Im Augenblick interessierte er sich überhaupt nicht für die Wand.

Während wir spielten, bekam ich weitere Informationen von Mrs. Hearn. Offensichtlich kamen diese Mit-dem-Kopf-gegen-die-Wand-Attacken zu allen Tages- und Nachtzeiten vor.

Nach unserem Spiel bat ich Mrs. Hearn, mir genau die Stellen zu zeigen, wo Ralphie die Wand attackierte. Ich wollte sehen, wie nahe sie am Fenster waren. Aber die Stellen, auf die sie deutete, lagen genau in der Mitte der Wand, weit entfernt von allen Fenstern und Türen.

Während meines Besuches hatte Ralphie bislang den Eindruck eines freundlichen, wachen und gut angepaßten Katers gemacht – auch wenn ich Mrs. Hearns Klagen über sein merkwürdiges Benehmen nicht anzweifelte.

Als wir durch das Haus gingen, hielt Mrs. Hearn plötzlich an und begann, in ihrer Tasche nach irgendetwas zu suchen. „Warten Sie einen Moment, meine Liebe. Ich habe meine Brille vergessen," sagte sie und ging zurück zum Wohnzimmer.

Zufälligerweise meldete sich in diesem Moment mein Pieper. „Mrs. Hearn," rief ich ihr hinterher. „Darf ich bitte Ihr Telefon benutzen?"

„Bitte, bedienen Sie sich," antwortete sie. „Es steht in der Küche."

Ich ging schnell in die Küche, fand das Telefon und begann zu wählen. Einen Augenblick später erschien eine sehr aufgeregte Mrs. Hearn im Türrahmen. „Er macht es gerade, er macht es gerade!" schrie sie. „Kommen Sie schnell! Er spielt verrückt."

Ich legte umgehend den Hörer auf und folgte ihr ins Wohnzimmer. Dort saß Ralphie ruhig in der Mitte des Raumes. Er war anscheinend überrascht, uns zu sehen.

Mrs. Hearn hob ratlos ihre Arme. „Er *hat* es getan. Ich schwöre, er hat."

Ralphie blieb bewegungslos sitzen, während seine Besitzerin weiter über seine mangelnde Mitarbeit klagte und darüber, daß es sie „Geld für nichts und wieder nichts" kosten würde.

In einer beschwichtigenden Geste legte ich meine Hand auf Mrs. Hearns Arm. „Wir werden es herausfinden. Warum machen Sie sich nicht eine schöne Tasse Tee und entspannen sich? Wenn ich dieses Telefonat beanwortet habe, möchte ich gern einige Zeit allein mit Ralphie verbringen. Wäre das für Sie in Ordnung?"

„Sicherlich," sagte sie, klang aber nicht sehr hoffnungsvoll.

Bei unserer Sitzung unter vier Augen machte Ralphie nach wie vor einen gut angepaßten und ausgeglichenen Eindruck, aber ich war entschlossen, die Lösung des Problems zu finden.

Ich ging in die Küche, wo Mrs. Hearn gerade eine Tasse Kaffee austrank. „Könnten wir uns die anderen Räume ansehen, die Ralphie benutzt?"

Mrs. Hearn nickte, stellte ihre leere Kaffeetasse in den Spülstein und murmelte etwas kaum Hörbares. Es gelang mir, „elende Katze ... man kann sich nicht auf ihn verlassen ... läßt mich als verrückte alte Frau dastehen ..." aufzuschnappen. Schweigend folgte ich ihr aus der Küche. Ich besichtigte den ersten und den zweiten Stock, wobei ich genau alle Stellen untersuchte, an denen Ralphie Kontakt zu den Wänden gehabt hatte. Nachdem ich einige Zeit mit dem Kater verbracht und eine Beschreibung seines Verhaltens gehört hatte, ahnte ich, was dort möglicherweise vor sich ging. Ich bat um eine Besichtigung des Kellers.

„Den *Keller*?" fragte Mrs. Hearn ungläubig. „Warum um alles in der Welt wollen Sie dort hinunter gehen? Ralphie darf nicht in den Keller. Sind Sie hier, um seinem Verhalten ein Ende zu setzen oder was?" Sie machte keinerlei Versuch, ihr Mißfallen zu verbergen.

„Natürlich bin ich das, aber ich habe so eine Ahnung ..."

„Eine Ahnung!" unterbrach sie mich. „Ist das alles, womit Sie aufwarten können? Verschwenden Sie lieber nicht Ihre Zeit. Es gibt keinen Grund dort hinunterzugehen." Die Falten ihres Stirnrunzelns wurden zusehends tiefer. Eigentlich wollte ich ein bißchen sicherer sein, bevor ich meinen Verdacht erwähnte. Aber ich wußte, wenn ich nicht bald eine Antwort fände, würde sie mir die Tür weisen.

„Ich möchte mir gern den Keller ansehen, um nach irgendwelchen Anzeichen von Mäusen zu suchen."

Ein Ausdruck des Schreckens wanderte über ihr Gesicht, aber genau das hatte ich erwartet.

„Mäuse?" kreischte sie.

„Ralphies Verhalten deutet darauf hin, daß eine Maus in der

Wand ist. Vielleicht hört Ralphie ihre Geräusche und versucht, sie durch die Wand zu erreichen.

„Das ist lächerlich. Warum geben Sie nicht einfach zu, daß Sie keine Idee haben, warum er sich so benimmt?"

„Mrs. Hearn," sagte ich sehr höflich. „Ralphies Verhalten läßt mich das vermuten. Es scheint mir logisch zu sein, und ich möchte diese Möglichkeit gern als erstes ausschalten. Wenn ich keine Anzeichen von Mäusen sehe, dann suchen wir nach anderen Möglichkeiten."

Sie starrte mich an und seufzte tief. „Ich habe *niemals* Mäuse gehabt. Ich halte mein Haus sehr sauber." Sie drehte sich abrupt um, verließ den Raum und gab mir ein Zeichen, ihr zu folgen. „Wir gehen jetzt in den Keller und sehen nach. Nur um Ihnen zu zeigen, daß Sie nicht wissen, wovon Sie sprechen."

Wie sich dieser Sonntag doch entwickelte... „Danke sehr," antwortete ich geduldig. „Haben Sie eine Taschenlampe?"

„Nein," antwortete sie ungeduldig.

„Dann hole ich eine aus meinem Auto."

Ich holte gerade meine Taschenlampe aus dem Handschuhfach, als Mrs. Hearn im Türrahmen erschien. „Schnell, schnell, er tut es wieder! Kommen Sie schnell, Pam!"

Ich rannte die Auffahrt hoch und ins Haus hinein. „Wo ist er?"

Mrs. Hearn zeigte aufs Eßzimmer. „Dort drinnen."

Als ich lautlos um die Ecke ins Eßzimmer spähte, sah ich Ralphie zusammengerollt auf einem Stuhl liegen und sich beiläufig die Pfote lecken. Ich fühlte Mrs. Hearns Anwesenheit hinter mir und drehte mich herum, um ihre Reaktion zu sehen.

„Warum tut er mir das an?" fragte sie. „Noch vor ein paar Sekunden hat er vollkommen verrückt gespielt."

Ich blickte zu Ralphie zurück. Ich *werde* dieser Sache auf den Grund gehen, dachte ich, während ich beobachtete, wie er sich ausgiebig putzte. „Lassen Sie uns in den Keller gehen," sagte ich zu Mrs. Hearn und faßte meine Taschenlampe fester. Hoffentlich war meine Ahnung richtig.

Oben an der Kellertreppe schaltete Mrs. Hearn das Licht

ein, und wir gingen hinunter. „Auch in den saubersten Häusern können sich Mäuse einschleichen," versicherte ich ihr, aber entweder hörte sie es nicht, oder sie hatte sich entschlossen, mich zu ignorieren. Vielleicht war es das Beste.

Am Fuß der Treppe suchte Mrs. Hearn nach dem Schalter, um den übrigen Keller zu erhellen. Das Licht war sehr düster, so daß der große Raum unheimlich und voller Schatten wirkte. Mrs. Hearn hatte dies anscheinend ebenfalls bemerkt, denn sie warf mir einen unsicheren Blick zu.

„Gibt es hier unten noch irgendein anderes Licht?" fragte ich.

„Nicht daß ich wüßte. Mein Mann war der einzige, der jemals hier herunterkam. Hier bewahrte er seine Werkzeuge auf."

Ihre Antwort gab mir nur noch mehr Grund zu vermuten, daß ich auf der richtigen Fährte war. Keiner war mehr hier heruntergekommen, um irgendwelche Zeichen einer Invasion festzustellen, und die Mäuse hätten freie Bahn.

Mit meiner Taschenlampe bewaffnet, durchschritt ich langsam den Keller. Der Lichtkegel traf auf ein Labyrinth von Rohren, mehrere staubige alte Kisten, einige kaputte Stühle und ein paar übriggebliebene Werkzeuge. Alte Lumpen hingen von verbogenen Nägeln an Lochbrettern, und in den Ecken waren schmutzige Farbtöpfe aufgehäuft, bedeckt von jahrealten Spinnweben. Mein Lichtkegel fiel auf eine verschreckte Spinne, die in eines der Löcher im Lochbrett huschte. Mir lief ein kleiner Schauer über den Rücken. Ich denke, ich habe als Kind zuviele gruselige Filme gesehen, denn in Kellern bekomme ich noch immer eine Gänsehaut. Bei Spinnen ebenfalls.

Trotzdem setzte ich meine Suche fort, wobei ich jeden Zentimeter des Kellers mit der Taschenlampe durchkämmte und schweigend betete, daß ich nicht noch mehr Spinnen aufstöberte. Plötzlich fiel der Lichtschein genau auf das, was ich zu finden hoffte. In einem rostigen alten Spülstein lagen Überreste eines Seifenstücks, die stark benagt aussehen. Rund um die ausgetrocknete Seife war eine beträchtliche Menge an Mäuseköteln verstreut.

Mrs. Hearn, die direkt hinter mir stand, schnappte bei diesem Anblick nach Luft. „Was ist das?"

„Ich glaube, daß eine Maus an dieser Seife herumgenagt hat," sagte ich, als ich auf den schrumpeligen grünen Klumpen deutete. „Und das, fürchte ich, sind die Mäusekötel."

„Das ist unmöglich," erwiderte sie. „Ich sagte Ihnen doch, daß es bei mir keine Mäuse gibt."

In Anbetracht der überwältigenden Beweise entgegnete ich: „Warum suchen wir nicht weiter nach ihnen?"

„*Ihnen?*" fragte sie mit Schrecken. „Sie meinen, es ist mehr als eine?"

„Wenn man von all den Räumen ausgeht, in denen Ralphie die Wände angegriffen hat, dann würde ich in der Tat sagen, daß es mehr als eine ist."

„Oh, nein," sagte sie. „Das ist undenkbar."

Als ich weiter durch den Keller schritt, fand ich mehrere Stellen, die auf die Anwesenheit von Mäusen hindeuteten. Es sah wirklich nach einer handfesten Invasion aus.

Nachdem ich Mrs. Hearn davon überzeugt hatte, daß es bei ihr in der Tat Mäuse gab, ging sie voran nach oben. Ralphie empfing uns oben an der Treppe. Er rieb sich an unseren Beinen, als wir wieder in die Küche traten.

„So," sagte Mrs. Hearn widerwillig. „Ich schätze, mein Ralphie hat also eigentlich gar kein Verhaltensproblem?" Sie beugte sich vor und kraulte den zutraulichen Kater hinter den Ohren.

„Ich denke, er ist lediglich sehr frustriert, Mrs. Hearn, weil er diese Bewegungen in den Wänden hört und nicht an die Quelle herankommt. Katzen sind Jäger, und sehr oft ist der erste Hinweis auf eine nahe Beute das *Geräusch.*"

Auf Mrs. Hearns Bitte hin verbrachte ich die nächste halbe Stunde damit, Kammerjäger anzurufen. Aus irgendeinem unerklärlichen Grund hatte ich schließlich Glück. Nach mehreren erfolglosen Anrufen konnte ich mit einem richtigen Menschen statt mit einem Anrufbeantworter reden. Offiziell war sein Büro an Sonntagen nicht geöffnet, aber zufällig war er gerade dort, um einigen Papierkram zu erledigen. Er erklärte sich bereit, am Montag morgen gleich als erstes vorbeizukommen.

An diesem Punkt ergriff Mrs. Hearn den Hörer und bestand darauf, daß er direkt vorbeikäme, aber der Kammerjäger ließ sich nicht darauf ein. Endlich entließ Mrs. Hearn den armen Mann vom Telefon und wandte ihre Aufmerksamkeit meinen abschließenden Anweisungen zu.

Ich zeigte Mrs. Hearn einige Techniken aus der Spieltherapie, die sie bei Ralphie anwenden sollte, um ihn von den Wänden abzulenken. Er brauchte einige erfolgreiche Fänge, um seine Frustration abzubauen.

Als ich mich von Mrs. Hearn verabschiedete, entschuldigte sie sich dafür, an mir gezweifelt zu haben. „Ich verstehe immer noch nicht, wie Mäuse in dieses Haus kommen konnten," wunderte sie sich.

„Ich bin glücklich darüber, daß wir die Ursache des Problems gefunden haben," antwortete ich vergnügt. „Bald wird Ralphie wieder sehr viel fröhlicher sein."

Als ich auf die Tür zuging, glaubte ich einen Blick auf ein kleines, graues Etwas, das um die Ecke huschte, erhascht zu haben. Ich blickte hinüber zu Mrs. Hearn. Sie hatte nichts bemerkt, denn sie war zu sehr damit beschäftigt, die Vordertür aufzuschließen und die drückende Hitze zu kommentieren. Ralphie fing jedoch meinen Blick auf, und wir tauschten wissende Blicke aus.

Ich beschloß, Mrs. Hearn gegenüber nichts zu erwähnen. Ich dachte mir, daß es sie nur noch mehr betrüben würde. Der Kammerjäger würde bald hier sein und eine sorgfältige Durchsuchung des ganzen Hauses durchführen.

„Tschüß, Ralphie," sagte ich, als ich mich hinunterbeugte, um ihn zu streicheln. „Du bist mit Sicherheit der entschlossenste Mauser, den ich je getroffen habe."

Die Einbrecherkatze

Sabrina war früher ein sanfter Riese gewesen – zumindest beschrieben ihre Besitzer sie so. Aber mittlerweile war sie unruhig und schüchtern.

Dr. Kreitler, der Tierarzt von Patty und Joe McGill, hatte mich angerufen. Sabrina war früher eine sehr gesunde Katze, doch nun verlor sie an Gewicht, obwohl sie normalen Appetit hatte. Im letzten Monat hatte sich auch ihre Persönlichkeit verändert. War sie früher eine freundliche und verspielte Katze gewesen, so schoß sie heute wie ein Schatten um Ecken und schlief in den Wandschränken.

Als der Gewichtsverlust bemerkt wurde, führte Dr. Kreitler Bluttests bei Sabrina durch. Alle Resultate lagen gut im Normbereich. Der Tierarzt verordnete ein spezielles Futter und gab auch ein Vitaminpräparat mit. Er befragte die McGills über irgendwelche möglichen Veränderungen in ihrem Haus, die ihre Katze vielleicht aufregten, aber es gab nichts, was der Rede wert war.

Als Sabrina trotz des verordneten kalorienreichen Futters weiterhin an Gewicht verlor, brachten die McGills sie zu weiteren Tests und zum Röntgen erneut zum Tierarzt. Wiederum waren die Ergebnisse normal.

Dr. Kreitler rief mich an, um Sabrinas Fall zu diskutieren. Er sagte, daß die McGills einen Termin bei einer der Universitäts-Tierkliniken hätten. Er sähe es aber lieber, wenn ich ihnen erst einmal einen Besuch abstattete. Bevor Sabrina eine weitere Batterie an Tests erdulden müßte, wollte er sicher sein, daß kein Zusammenhang mit ihrem Verhalten bestand. Es war ein Probeschuß, aber er hatte das Gefühl, daß er nichts zu verlieren hätte. Alle Möglichkeiten waren ausgeschöpft worden. Dr. Kreitler war so daran interessiert, die Ursache von Sabrinas Problem zu finden, daß er sogar vorhatte, selbst für meine

Beratung aufzukommen. Ich bot ihm an, mir Sabrina kostenlos anzusehen.

An dem Tag, für den mein Besuch angesetzt war, war es bitterkalt. Der Wetterbericht hatte Temperaturen kaum über 0 °C vorausgesagt. Es hatte an diesem Morgen geregnet, und die Straßen waren eisglatt und tückisch. Ich war nicht wild darauf, mit dem Wagen zu fahren, aber ich wußte, wie sehr sich alle um Sabrina sorgten.

Nachdem ich die eiskalten glatten Straßen und auch alle anderen verrückten Fahrer, die eine Fahrt gewagt hatten, überstanden hatte, kam ich endlich beim Haus der McGills an. Erst als ich in ihre Auffahrt einbog, wurde mir bewußt, wie fest ich das Lenkrad umklammert hielt. Ich lockerte meinen eisernen Griff und schüttelte meine Hände, um die Blutzirkulation wiederzubeleben. Dann machte ich mich darauf gefaßt, beim Öffnen der Wagentür einen Schwall kalter Luft zu ertragen.

Normalerweise erwarten die Klienten meine Ankunft sehnsüchtig und stehen an der Tür, um mich zu begrüßen, bevor ich auch nur klingeln kann. Während ich vorsichtig die vereiste Auffahrt hinaufging, hoffte ich innig, die McGills würden hier keine Ausnahme bilden – ich wollte nicht eine Sekunde länger als unbedingt nötig draußen stehen. Aber wie das Leben so spielt, die McGills hatten sich anscheinend am entgegengesetzten Ende des Hauses aufgehalten – es dauerte gute drei Minuten, bis sie die Tür öffneten. Mir schien es Stunden zu dauern.

„Sie müssen Pam sein," sagte Joe McGill, als er meine tauben Finger mit einem freundlichen, warmen Händedruck ergriff.

„Ja," antwortete ich mit klappernden Zähnen.

„Bitte kommen Sie rein," sagte Patty McGill. „Es friert draußen."

Ich flüsterte ein Dankgebet, als ich sah, daß unsere Sitzung in der behaglich warmen Küche der McGills abgehalten werden sollte. Wir setzten uns an den Tisch, auf dem Patty Kekse und Muffins bereitgestellt hatte. Das Aroma von frisch aufgebrühtem Kaffee erfüllte das Zimmer. Ich schlang meine verfrorenen Finger um die heiße Tasse, die Patty mir angeboten hatte.

„Ich hatte bis jetzt noch nie einen Tiertherapeuten bei mir zu

Hause," sagte Patty. Sie deutete auf das Gebäck. „Es tut mir leid, die sind nicht hausgemacht, aber ich koche eigentlich nie. Im Grunde genommen verbringen wir beide sehr wenig Zeit in der Küche. Wir gehen immer aus oder bestellen etwas."

„Dr. Kreitler hat viel Vertrauen zu Ihnen," sagte Joe. „Wir hoffen sehr, daß Sie herausfinden, was mit Sabrina nicht stimmt. Soll ich sie holen gehen?"

„Nein," antwortete ich. „Lassen Sie uns zuerst reden. Ich hätte gern mehr Hintergrundinformation."

In den nächsten zwanzig Minuten setzten Patty und Joe mich über Sabrinas Problem ins Bild. Ich hatte bereits einen Fallbericht von Dr. Kreitler erhalten, aber ich mußte hören, wie die McGills die Situation sahen. Ihre Version war fast identisch mit der von Dr. Kreitler. Wir sahen uns hier einer Katze mit einer total veränderten Persönlichkeit und einem unerklärlichen Gewichtsverlust gegenüber. Die einzig neue und bedeutsame Information war, daß Sabrina nach draußen durfte. In der Küche gab es eine Katzentür, so daß sie kommen und gehen konnte, wie sie wollte. Ich vermutete, daß sie draußen vielleicht irgendein physisches oder emotionelles Trauma erlebt hatte, das die Ursache des Problems sein könnte. Obwohl die McGills dies voller Überzeugung bestritten, erklärte ich ihnen, daß so etwas auch passieren könne, ohne daß sie es bemerkt hätten. Das gilt besonders für ein emotionelles Trauma. Als es an der Zeit war, Sabrina kennenzulernen, ging Joe voran, wobei er hinter Sessel und unter Tische blickte. „Früher wäre sie die erste gewesen, die Sie an der Tür begrüßt hätte," sagte er traurig. Er beugte sich herunter, um unter dem Sofa zu suchen. „Aber jetzt sehen wir sie kaum noch."

Die McGills beschrieben Sabrina als eine früher sehr anhängliche Katze. Sie hatte sich nie weiter als eine Armlänge von Patty oder Joe entfernt. Ihr Spielzeugkorb quoll über mit allem nur erdenklichen Katzenspielzeug, das auf dem Markt erhältlich war, und ihre Besitzer ermunterten sie regelmäßig zu interaktiven Spielen.

Im Erdgeschoß war nichts von Sabrina zu sehen, also stiegen wir die Treppe hinauf, um in den Schlafzimmern nachzusehen.

Ich erinnere mich noch, wie ich bei diesem Rundgang dachte, wie warm und einladend dieses Haus doch erschien. Und wie immer betrachtete ich das Haus auch mit den Augen einer Katze. Einige Häuser sind nicht sehr katzenfreundlich. Sie sind sehr sparsam eingerichtet und bieten keine sicheren Plätze zum Verstecken. Wenn Besitzer ihre Katze nicht auf die Möbel lassen und keine Katzenbäume und Hochsitze zur Verfügung stellen, schaffen sie eine Umgebung, die nicht sehr katzenfreundlich ist. Katzen brauchen erhöhte Sitzplätze, um ihr Territorium von einem „sicheren" Ort aus zu überblicken. Aber das Haus der McGills schien ganz im Gegenteil so ziemlich alles zu haben, was eine Katze sich wünschen konnte. Patty informierte mich darüber, daß Sabrina ganz nach Belieben auf jedes Möbelstück durfte. Neben den Fenstern gab es mehrere teppichüberzogene Katzenbäume und oben auf zwei großen Schränken standen zwei plüschige Katzenkörbchen. Kratzbäume schienen wirklich überall herumzustehen. Es wirkte wie ein äußerst katzenfreundliches Zuhause – und das war es für Sabrina auch früher gewesen. Die Frage war, was hatte das alles geändert?

Ich ging die Liste mit jeder erdenklichen Veränderung oder unliebsamen Überraschung durch, die ich mir vorstellen konnte, aber die McGills schüttelten jedesmal mit einem „Nein" den Kopf. Soweit sie wußten, war das Leben normal verlaufen.

Die McGills schienen ausgesprochen nett zu sein. Auch wenn sie sehr besorgt um ihre Katze waren, blieben sie ruhig und besonnen. Ich achte immer auf parallele Persönlichkeitsveränderungen zwischen Katzen und ihren Besitzern. Manchmal veranlassen gestreßte und nervöse Besitzer ihre Katze zu entsprechenden Reaktionen. Patty und Joe zeigten keinerlei Verhaltensweisen, die mir Grund zur Sorge gegeben hätten.

„Nun, sie muß wohl hier drinnen sein," sagte Joe, als wir in ein großes Schlafzimmer traten. Zwei Augen linsten über die Kante eines Wäschekorbs, der in der Ecke stand. „Ja, hallo Sabrina. Wir haben überall nach dir gesucht." Er drehte sich zu mir um. „Möchten Sie, daß ich sie heraushole?"

„Nein," antwortete ich. „Lassen Sie sie dort, wo Sie sich

sicher fühlt." Ich hatte eines meiner interaktiven Spielzeuge mit nach oben gebracht. „Vielleicht kann ich sie hiermit hervorlocken." Ich setzte mich in der Nähe des Korbes auf den Teppich und blickte hinauf zu Joe und Patty, die mir – gespannt wie sie waren – nicht von der Seite wichen. „Warum setzen Sie beide sich nicht hin? Lassen Sie all das hier sehr beiläufig erscheinen. Ich möchte, daß Sabrina sich wohlfühlt, wenn ich mich im Zimmer befinde."

Joe und Patty setzten sich gehorsam auf den Teppich. „Sollen wir uns weiter unterhalten oder ruhig sein?" fragte Joe.

„Sie können ruhig weiter reden," antwortete ich. Langsam bewegte ich das Spielzeug in Sabrinas Gesichtsfeld hin und her. Ich wollte sie nicht aufregen oder überfordern, deshalb bewegte ich es langsam und vorsichtig. Als ich ihr einen verstohlenen Blick zuwarf, sah ich, daß ihre Augen dem Spielzeug mit Interesse folgten. Skeptisch sah sie hin und wieder zu mir herüber, aber ich blieb ruhig sitzen. Nach einigen Minuten kletterte Sabrina aus dem Korb und näherte sich dem Spielzeug.

Obwohl sie offensichtlich spielen wollte, hielten ihre Ängste sie davon ab. Sie zog sich zum Wäschekorb zurück. Aber ich war zufrieden, denn die Tatsache, daß sie an dem Spielzeug Interesse zeigte, war ein positives Zeichen.

Als ich die Katze beobachtete, bemerkte ich, daß sie ganz anders aussah als auf den vielen Fotos, die von ihr im ganzen Haus hingen. Früher war sie einmal eine kräftige, schwarzgraue Katze mit einem runden schwarzen Gesicht und langem, seidigem und glänzendem Fell gewesen. Die Sabrina, die mich aus der Sicherheit ihres Verstecks beobachtete, war deutlich dünner; ihre Augen waren traurig und ängstlich, ihr Fell stumpf und trocken. Sie sah eher aus wie eine Katze, die ein hartes Leben auf der Straße hinter sich hatte, als wie eine, die dieses behagliche Haus zur Verfügung hatte. Nach ein paar Minuten kam Sabrina wieder hervor und begann behutsam zu spielen.

Nach einer guten halben Stunde Spielzeit schlug ich vor, den Raum zu verlassen, so daß ich eine Tour durchs Haus machen konnte. „Vor allem möchte ich die Bereiche sehen, die Sabrina bevorzugt oder fürchtet."

Wir gingen das Haus sorgfältig durch, wobei wir an jedem Katzenbaum, Bett und anderem Lieblingsplatz anhielten. Ich blickte aus den Fenstern und hielt nach irgendetwas Ausschau, das einen Hinweis geben könnte. Ich überprüfte auch die Standorte der Katzenklos; es gab eines im Erdgeschoß und eines oben.

Zurück in der Küche, öffnete ich die Tür mit der Katzenklappe und sah mich um. Die kalte Luft schlug mir entgegen. Ich schloß die Tür, ging in den Flur, holte meinen Mantel und ging nach draußen. Es war mittlerweile noch kälter als bei meiner Ankunft, aber ich war entschlossen, den Schlüssel zu Sabrinas Verhalten zu finden. Ich ging ums Haus und sah mich nach irgendwelchen Zeichen um, die auf die Gegenwart einer anderen Katze hindeuteten – oder irgendeines anderen Tieres.

Zurück im Haus fragte ich die McGills: „Haben Ihre Nachbarn Hunde oder Katzen?"

„Die Nachbarin zur Linken hat einen Hund, aber der ist sehr alt," antwortete Patty. „Die Dame muß ihn nach draußen tragen, weil er kaum noch laufen kann."

Nun gut, das räumte mit meiner Theorie eines großen, bedrohlichen Nachbarhundes auf, der Sabrina vielleicht ängstigen könnte. Trotzdem zog ich immer noch die Möglichkeit in Betracht, daß sie vielleicht ein fremder Hund gejagt hatte.

„Geht Sabrina im Moment viel nach draußen?" fragte ich.

Joe schüttelte den Kopf. „Bei dieser Kälte zieht sie es vor, drinnen zu bleiben."

„War das letzten Winter genauso?" Ich fragte, obwohl ich sicher war, daß Sabrina nicht wegen des kalten Wetters im Haus blieb.

„Letztes Jahr war es nicht so kalt," antwortete Patty.

„Um wieviel Uhr füttern Sie Sabrina normalerweise?" fragte ich.

Joe sah zur Uhr hoch. „Ungefähr um diese Uhrzeit."

Ein Napf mit Trockenfutter stand stets auf dem Boden, und die McGills fütterten morgens und abends Dosenfutter zu. Aber inzwischen weigerte sich Sabrina, das Trockenfutter zu fressen. Patty sagte, die Katze würde nur zum Napf hinübergehen, ihn anknurren und dann wegrennen. Sie hatten verschiedene Futtermarken ausprobiert, aber es machte keinen Unterschied; nie wußten sie vom einen Tag zum andern, wie Sabrinas Reaktion ausfallen würde. An einigen Tagen nahm sie etwas von dem Trockenfutter, an anderen Tagen knurrte sie es böse an. Manchmal fauchte sie auch, wenn sie sich dem Napf näherte, schlug mit der Pfote nach ihm und rannte dann weg.

„Ihr Dosenfutter liebt sie aber nach wie vor," sagte Patty. „Beim Geräusch des Dosenöffners rennt sie in die Küche, egal, was los ist."

Ich bat Patty darum, sie nun zu füttern, damit ich ihr Verhalten beobachten könne. Da ich mir nicht sicher war, ob sie bei meiner Anwesenheit im Haus fressen würde, blieb ich ganz ruhig am Tisch sitzen.

Patty öffnete eine Dose mit Futter und siehe da, Sabrina tauchte im Handumdrehen auf. Sie flitzte in die Küche und stoppte plötzlich, weil sie mich erblickte. Das Aroma des Futters überwog anscheinend ihre Vorbehalte, denn sie riskierte es, in meiner Nähe zu fressen. Sie fraß hungrig und stürmte danach sofort aus der Küche, vermutlich zurück nach oben zu ihrem Versteck im Wäschekorb.

„Sie hat sich noch nie so verhalten," kommentierte Joe. „Früher kam sie immer nach dem Fressen zu uns ins Schlafzimmer und blieb bei uns. Jetzt rennt sie weg, um sich zu verstecken."

„Bleiben Sie normalerweise in der Küche, während sie frißt?" fragte ich.

„Nein," antwortete Joe. „Wenn wir sie morgens füttern, gehen wir zurück nach oben, um uns zur Arbeit fertig zu machen. Abends füttern wir sie dann, wenn wir hereinkommen. Während sie frißt, ziehen wir uns um und gehen die Post durch."

Was immer Sabrina so beunruhigte, es schien mit einer traumatischen Erfahrung draußen in Zusammenhang zu stehen. Darum wollte ich, daß die Katzentür geschlossen blieb und die McGills Sabrina eine Zeitlang ausschließlich in der Wohnung behielten. Außerdem fiel mir auf, wie nahe das Trokkenfutter an der Katzentür stand. Die Dosenfutter-Mahlzeit stand näher am Spülstein, weiter weg von der Tür. Vielleicht knurrte sie deshalb nur das Trockenfutter an.

Das alles erklärte ich Patty und Joe. Mein Plan war, Sabrina vorläufig in dem Zimmer zu füttern, in dem sie sich am sichersten fühlte. Patty sagte, das wäre entweder das Schlaf- oder das Badezimmer. Ich schlug vor, daß einer von ihnen beim Fressen mit ihr im Zimmer blieb, um ihr ein sicheres Gefühl zu geben. Darüber hinaus hatte ich ein paar Übungen zur Verhaltensänderung im Sinn, die sie mit Sabrina machen sollten. Sie waren bereit, die Katzentür zu versperren und den Freßnapf umzustellen. Auch ihre Einstellung zu den Übungen zur Verhaltensänderung war sehr positiv. Ich begann, Hoffnung zu verspüren.

Nachdem ich die speziellen Übungen demonstriert hatte, machte ich mit ihnen ein Treffen vier Tage später aus, um mir Sabrina noch einmal anzusehen.

Als wir uns an der Tür verabschiedeten, erwähnte Joe zufällig, daß sie am nächsten Tag die Stadt verlassen und Sabrina über Nacht woanders unterbringen müßten. „Denken Sie, das wird sie zurückwerfen?" überlegte er laut.

Ich hielt es für keine gute Idee, Sabrina in dieser Verfassung in einer fremden Umgebung unterzubringen, besonders nicht, da sie vorhatten, sie in der Tierklinik zu lassen. An diesem Ort hatte sie erst kürzlich so viele unerfreuliche und beängstigende Prozeduren erlebt. „Gibt es irgend jemanden, dem Sabrina traut und der auf sie aufpassen könnte?" fragte ich.

„Nein. Die meisten unserer Freunde haben Angst, daß sie krank wird oder sich zu Tode hungert, während sie sie in Pflege haben," antwortete Joe mit einem schwachen Lächeln. „Sie möchten nicht für sie verantwortlich sein."

Ich war mir sicher, daß es Sabrina schaden würde, auswärts untergebracht zu werden. „Wäre es für Sie in Ordnung, wenn ich vorbeikäme und mich um sie kümmerte?" fragte ich. „Sie kennen mich nicht sehr gut, deshalb könnte ich es verstehen, wenn Sie mich als Fremde nicht in Ihr Haus lassen. Aber ich denke, für Sabrina wäre ihre vertraute Umgebung besser."

Joes Gesicht leuchtete auf. „Würden Sie das wirklich tun?"
„Dr. Kreitler hält sehr viel von Ihnen," sagte Patty. „Darum vertrauen wir Ihnen natürlich."
„Es gäbe mir auch die Zeit, mit ihr zu arbeiten," fügte ich hinzu.

Patty verließ das Zimmer und kehrte mit einem Schlüssel zurück. „Der ist für die Küchentür," sagte sie, als sie ihn mir übergab. „Das Schloß der Vordertür ist sehr vertrackt, und Sie könnten Probleme bekommen, es zu öffnen. Sie werden feststellen, daß die Küchentür sehr viel einfacher aufgeht."

Joe versprach, Sabrina morgens vor dem Losfahren zu füttern, so daß ich erst am Abend und für das Frühstück am nächsten Morgen kommen mußte. Sie waren beide so dankbar, daß ich glücklich war, ihnen helfen zu können.

Am nächsten Tag fing es in Nashville an zu schneien; am späten Nachmittag war die Erde bereits zwei Zentimeter dick mit Schnee bedeckt. Meine Fahrt zu den McGills dauerte entsprechend lange. Die Fahrer in Nashville sind nicht an Schnee gewöhnt, daher hielt ich großen Abstand zu den Fahrzeugen um mich herum. Als ich endlich ankam, hatte ich Lust, bei etwas Spieltherapie zu entspannen – ich stellte mir vor, daß es sowohl Sabrina als auch mir gut tun würde.

Ich ging um die Seite des Hauses zur Küche und bemerkte dabei ein paar Pfotenabdrücke im Schnee neben der Tür. Waren das Sabrinas? Hatten die McGills etwa meine Empfehlung, die Katzentür verschlossen zu halten, mißachtet? Ich beugte mich hinunter und überprüfte die Tür. Die Katzentür war versperrt. Bevor ich hineinging, sah ich mir die Pfotenabdrücke noch einmal genauer an.

In der Küche öffnete ich etwas Dosenfutter für Sabrina. Die McGills waren meiner Empfehlung gefolgt und hatten die Schale mit dem Trockenfutter näher an den Spülstein gerückt. Gewappnet mit einem Napf mit Feuchtfutter in der einen und einem interaktiven Spielzeug in der anderen Hand, begab ich mich auf die Suche nach Sabrina. Ich fand sie oben im Badezimmer, wo sie sich hinter dem Wäschekorb versteckte. Ich stellte die Schüssel hin, ging rückwärts aus dem Raum und setzte mich auf einen Läufer im Flur. Um ihr dabei zu helfen, sich an mich zu gewöhnen, sprach ich beiläufig über dieses und jenes und erzählte ihr alles mögliche aus meinem Leben. Auf jeden Fall schien es sie zu entspannen. Nach anfänglichem Widerstreben kam sie heraus und verzehrte ihr Abendessen. Anschließend gelang es mir, sie zum Spielen zu verführen.

Nachdem wir ungefähr eine halbe Stunde lang gespielt hatten, ging ich ins Badezimmer, um nach ihrem Katzenklo zu sehen. „Ich werde es mal auffüllen," sagte ich, schnappte es mir und ging zur Küche zurück.

Ich war gerade dabei, die Freßnäpfe in der Spüle auszuwaschen, als ich ein Rumpeln an der Küchentür hörte. Es war kein Klopfen, sondern mehr wie ein leichter Schlag. Dann hörte ich es ein zweites Mal. Dieses Mal folgte ein kratzendes Geräusch. Ich spähte durch die Vorhänge an der Tür. Als ich hinunterschaute, erblickte ich eine schwarze Katze mit einem weißen Fleck auf dem Kopf und vier weißen Pfoten. Ganz leise ging ich auf die andere Seite der Küche und schloß die Schwingtür, die die Küche vom Rest des Hauses trennte. Ich ging auf Zehenspitzen zurück zur Katzentür, entfernte leise die Plastikplatte, die die Klappe verschloß und versteckte mich auf der anderen Seite der Küche. Mal sehen, ob ich Besuch bekäme.

Ich wagte nicht, mich zu bewegen. Meiner Vermutung nach stand die Ursache von Sabrinas Problem in diesem Augenblick auf der anderen Seite der Katzentür. Die McGills hatte mir erzählt, daß sie normalerweise die Küche verließen, nachdem sie das Futter für Sabrina hingestellt hatten. Daher fiele ihnen nicht unbedingt auf, wenn eine Katze hereinkäme. „Und Patty hat gesagt, daß sie nicht kocht, daher verbringen sie hier nicht viel Zeit," sagte ich zu mir selbst und merkte dann, daß ich laut gesprochen hatte. Ich hielt mir die Hand auf den Mund und hoffte, daß ich die schwarze Katze nicht verschreckt hatte.

Plötzlich gab es eine Bewegung an der Katzentür. Die Klappe ging nach innen auf, aber niemand kam herein. Ich wartete. Dann bewegte sie sich wieder und ich erhaschte den Blick auf eine Pfote mit einem weißen Socken. Die Pfote setzte vorsichtig auf dem Küchenboden auf. Ich lächelte.

Am liebsten hätte ich es in diesem Moment mit einer Videokamera gefilmt, wie die schwarze Katze verstohlen durch die Tür schlüpfte und sich umblickte. Sie ging hinüber zu der Stelle, an der die Schüssel mit dem Trockenfutter gewöhnlich gestanden hatte. Enttäuscht wandte sie sich zu mir um. „So, du warst also schon mal hier," sagte ich zu dem kleinen Dieb. „Tut mir leid, aber jetzt bist du aufgeflogen."

Die schwarze Katze bemerkte das Trockenfutter nahe dem Spülstein und kam langsam näher. Nachdem sie noch einmal darüber nachgedacht hatte, hielt sie inne, blickte mich an und fauchte. Sie schien zu wissen, daß ich sie verpfeifen würde. Sie blickte zurück zum Futter, fauchte noch einmal und verschwand durch die Katzentür.

Ich lief zum Fenster und sah, wie sie aus dem Hof lief. Normalerweise wäre ihr schwarzes Fell eine perfekte Tarnung für einen Dieb in der Nacht gewesen, aber gegen den Hintergrund aus weißem Schnee konnte sie sich nicht verstecken.

Nachdem ich die Katzentür verschlossen hatte, ging ich nach oben, um wieder mit Sabrina zu spielen. Ich hatte gute Neuigkeiten für sie.

Später an diesem Abend rief ich Dr. Kreitler zuhause an und erzählte ihm von meiner Begegnung mit dem vierbeinigen Dieb. Offensichtlich konnte Sabrina den Geruch des Eindringlings an ihrer Schüssel wahrnehmen, und das war zweifellos auch der Grund, warum sie das Trockenfutter anknurrte und anfauchte. Vielleicht hatte die schwarze Katze sogar einen guten Teil von ihrem Feuchtfutter gefressen.

„Warum hat Sabrina dann nicht ihr Dosenfutter angeknurrt, wenn die schwarze Katze auch davon gefressen hat?" fragte mich Dr. Kreitler.

„Weil die Schüssel nach jeder Mahlzeit ausgewaschen wird. Ich habe bemerkt, daß die Schüssel mit dem Trockenfutter nur nachgefüllt, aber nicht vorher ausgewaschen wird."

Bei ihrer Rückkehr hörten die McGills gefesselt zu, als ich ihnen von der Ursache des Problems erzählte. Allerdings waren sie nicht sehr begeistert von der Tatsache, daß eine fremde Katze in ihr Haus gekommen war.

Sabrina wurde nochmals auf Katzenseuche und Katzenschnupfen hin getestet, zwei höchst ansteckende Katzenkrankheiten. Die Ergebnisse waren negativ.

Innerhalb eines Monats wurde Sabrina wieder ganz die alte. Die Katzentür blieb dauerhaft versperrt, und sie nahm wieder zu.

Joe und Patty versuchten, die schwarze Einbrecherkatze zu fangen, aber sie war zu clever für sie. Zufällig gelang es einem meiner Helfer, sie zu fangen. Die McGills klopften an alle Türen in der Nachbarschaft, aber niemand wußte, zu wem die Einbrecherkatze gehörte.

Wir ließen sie testen, impfen und kastrieren. Nach einiger ernsthafter Arbeit an ihrem Verhalten, um ihr über ihre mißtrauische Haltung hinwegzuhelfen, wurde sie – sozusagen auf Bewährung – in die Obhut einer liebevollen Familie entlassen.

Erlebnis Katzen

Warum kratzt meine Katze weiterhin am Schrank und läßt den nagelneuen Kratzbaum links liegen? Nur wer seine Katze versteht, kann die Weichen für ein harmonisches Zusammenleben stellen.

Die amerikanische Expertin Gwen Bohnenkamp weiß, wie es zu Problemen kommen kann und zeigt anschaulich und liebevoll bewährte Lösungen auf.

110 Seiten, 44 Cartoons
ISBN 3-440-07441-2

Bücher • Videos • CDs • Kalender
zu den Themen : Natur, Garten- und Zimmerpflanzen, Astronomie,
Heimtiere, Pferde, Kinder- und Jugendbücher, Eisenbahn/Nutzfahrzeuge

Erlebnis Katzen

Eine unterhaltsame Katzenlehre: Mit einem Augenzwinkern und den tierisch ernsten Cartoons von Fulvio Federi schöpft der Tierverhaltensforscher Dennis C. Turner in diesem ebenso nützlichen wie amüsanten Buch aus seinen langjährigen Erfahrungen mit Katzen.

64 Seiten, 50 Cartoons
ISBN 3-440-07160-X

kosmos

Bücher • Videos • CDs • Kalender
zu den Themen: Natur, Garten- und Zimmerpflanzen, Astronomie, Heimtiere, Pferde, Kinder- und Jugendbücher, Eisenbahn/Nutzfahrzeuge

Erlebnis Katzen

Die sanften Heilweisen der Naturheilkunde gewinnen immer mehr an Bedeutung. Naturmedizin kann auch unseren Katzen helfen. Dieser umfassende Ratgeber stellt die Verfahren der Naturheilkunde vor, beschreibt Krankheitsbilder und Behandlungsmöglichkeiten.

320 Seiten
50 Abbildungen
ISBN 3-440-06597-9

Um Katzen richtig verstehen und umsorgen zu können, müssen wir ihr Wesen und ihre Bedürfnisse kennen. Der Verhaltensforscher Prof. Dr. Leyhausen beschreibt das Verhalten der Katze, ihr Wesen und ihre Kommunikation mit Artgenossen und Menschen.

200 Seiten
110 Abbildungen
ISBN 3-440-05843-3

kosmos

Bücher • Videos • CDs • Kalender

zu den Themen : Natur, Garten- und Zimmerpflanzen, Astronomie, Heimtiere, Pferde, Kinder- und Jugendbücher, Eisenbahn/Nutzfahrzeuge